高等教育发展与路径探索

方晓明　主编

中国原子能出版社

图书在版编目（CIP）数据

高等教育发展与路径探索 / 方晓明主编. --北京：
中国原子能出版社，2024.6
ISBN 978-7-5221-3387-4

Ⅰ. ①高… Ⅱ. ①方… Ⅲ. ①高等教育–发展–研究
–中国 Ⅳ. ①G649.21

中国国家版本馆 CIP 数据核字（2024）第 093279 号

高等教育发展与路径探索

出版发行	中国原子能出版社（北京市海淀区阜成路 43 号　100048）
责任编辑	张　磊
责任印制	赵　明
印　　刷	河北宝昌佳彩印刷有限公司
经　　销	全国新华书店
开　　本	787 mm×1092 mm　1/16
印　　张	17
字　　数	270 千字
版　　次	2024 年 6 月第 1 版　2024 年 6 月第 1 次印刷
书　　号	ISBN 978-7-5221-3387-4　　　**定　价　78.00 元**

前　言

　　高等教育的历史可以追溯到古代文明，然而，现代高等教育体系的形成却是近现代工业化和科技革命的产物。19 世纪末 20 世纪初，欧美国家建立了现代大学体系，这标志着高等教育逐渐摆脱了贵族特权，成为广泛服务社会的机构。20 世纪末，全球高等教育迎来了爆发式增长，大学逐渐成为培养各领域专业人才的主要场所。

　　然而，随着高等教育规模的不断扩大，一系列问题也逐渐浮现。招生竞争激烈、教育资源不均衡、教学质量参差不齐等问题困扰着全球各国的高等教育系统。同时，新兴科技、社会变革和全球化使高等教育面临新的挑战，传统的教学模式和管理体制难以适应日新月异的发展要求。

　　在当前形势下，高等教育需要通过创新来适应社会的需求，培养更具创新力、实践能力和国际竞争力的人才。数字化技术、在线教育、跨学科研究等创新手段正逐渐渗透到高等教育的各个方面，为高校提供了更多的可能性。同时，注重学科融合、产学研深度合作、突破传统评价体系等创新路径也在被积极探索。

　　面对未来，高等教育将继续面临快速变化的社会和科技环境。教育的国际化、全球化趋势将进一步加强，高校需要更好地适应国际化的办学环境。新兴技术的不断涌现将为教育提供更多的工具和手段，同时也带来了数字化教育、在线学位等新的挑战。高校还需更加注重人才培养的全面发展，培养学生的创新精神、团队协作能力和跨文化沟通技能。

本书旨在为决策者、教育工作者、学生以及对高等教育发展感兴趣的各界人士提供深度的思考和启示。我们期望通过对高等教育的全方位分析，帮助读者更好地理解高等教育的发展现状、问题与挑战，引导读者思考创新的路径和未来的发展方向。

方晓明

2024 年 1 月

目　录

第一章 新时期高等教育概述

第一节 全球化与高等教育

一、全球化对高等教育的影响

全球化是当今世界发展的主要趋势之一,在经济、政治、文化等多个领域产生深远影响,同时也对高等教育产生了重大的影响。它带来了机遇与挑战,推动了知识传播、国际交流与合作,同时也加剧了竞争与不平等。下面将从多个角度探讨全球化对高等教育的影响,包括国际学术合作、文化交流、学生流动、教育质量等方面。

(一)国际学术合作

1. 跨国研究项目

全球化促使高等教育机构之间加强合作,推动了跨国研究项目的开展。通过国际合作,研究者能够共享资源、经验和技术,提高科研水平。例如,联合研究中产生的创新成果有助于解决气候变化、医疗科技等全球性问题。

2. 学术交流与研讨会

全球化使得学术交流更加频繁和便捷。学者们可以通过国际研讨会、学术访问等方式深入交流，促进不同国家和文化之间的学术互动。这有助于加强全球范围内的学术社群，推动知识的共享与传播。

3. 多元化的研究团队

全球化推动了研究团队的国际化。高等教育机构倾向于组建由来自不同国家和文化背景的研究者组成的团队。这种多元化有助于解决复杂问题，促使不同文化间的思维碰撞，从而培养学术创新。

（二）文化交流

1. 多元文化教育

全球化增加了学生的国际间流动，导致了高等教育中的多元文化现象。在跨文化的学习环境中，学生可以接触到来自不同国家和背景的同学，帮助他们更好地理解和尊重不同文化，提高跨文化沟通能力。

2. 语言多样性

全球化促使高等教育机构更加关注语言多样性。在国际化的教育环境中，学校通常提供多语言教学，鼓励学生掌握多种语言。这不仅有助于学生更好地适应国际社会，还推动了语言教育的创新。

3. 文化软实力的崛起

高等教育机构的全球合作与交流也促进了各国文化软实力的崛起。通过学术合作和文化交流，一些国家的高等教育机构逐渐在国际上建立了良好的声誉，为本国文化在国际上的传播奠定了基础。

（三）学生流动

1. 留学潮的增长

全球化使得留学成为更为普遍的选择。学生可以更容易地跨越国界获取优质的教育资源，同时在不同文化背景中培养全球化视野。这种学生流动促进了国际人才流动，对全球经济的发展和科技创新起到了积极作用。

2. 国际学生的挑战

然而，国际学生也面临着一系列挑战，包括文化适应、语言障碍和社会融入等问题。高等教育机构需要采取措施来支持国际学生，提供文化适应培训和语言支持等服务，确保他们能够更好地融入新的学习环境。

（四）教育质量与竞争

1. 质量标准的国际化

全球化使高等教育机构面临更为严格的国际竞争，因此提高教育质量成为迫切任务。一些国际教育质量评估机构涌现，推动高等教育机构更加关注教学水平、科研成果和学科建设，从而提高全球竞争力。

2. 学历认证的国际化

全球化也带来了学历认证的国际化趋势。越来越多的国家承认其他国家的学历，学生可以更加灵活地选择学习地点。然而，这也引发了一些问题，例如学历认证标准的不一致，需要建立更加统一的国际认证体系。

总体而言，全球化对高等教育的影响是双重的，既有积极的方面，也存在一些挑战与问题。全球化推动了国际学术合作、文化交流和学生流动，为高等教育提供了更广阔的发展空间。然而，与此同时，全球化也引发了一系列的挑战，需要高等教育机构、政府和国际社会共同努力解决。

二、国际化背景下的高等教育合作与竞争

随着全球化的不断深入，高等教育领域也在国际化的浪潮中迎来了深刻的变革。国际化的高等教育既带来了合作与共赢的机遇，也引发了激烈的竞争。下面将从国际化的背景出发，深入探讨国际化对高等教育合作与竞争的

影响，涵盖学术合作、学生流动、质量标准、文化交流等多个方面。

（一）学术合作的拓展

1. 跨国研究项目

在国际化的背景下，高等教育机构更加倾向于开展跨国研究项目。这些项目不仅推动了科研成果的创新，也为各国研究者提供了合作的平台。例如，联合攻克全球性难题的科研项目成为国际间合作的典范。

2. 学术交流与合作

国际合作使得学术交流变得更加频繁，研究者可以通过国际学术会议、研讨会等途径深入交流，分享研究成果。这有助于加强全球范围内的学术社群，促进学科的发展。

3. 多元化的研究团队

国际化背景下，高等教育机构更倾向于组建多元化的研究团队，集聚来自不同国家、不同文化背景的研究者。这种多元化有助于推动思想碰撞，促进创新，同时也培养了具备跨文化背景的研究人才。

（二）学生流动的增加

1. 国际学生的涌入

国际化背景下，学生流动成为一种常态。越来越多的学生选择跨越国界，到其他国家接受高等教育。这不仅促进了国际间的人才流动，也为学生提供了更广泛的学术资源和文化体验。

2. 竞争与吸引力

各国高等教育机构之间展开了激烈的竞争，争夺国际学生资源。提高教育质量、提供奖学金、创造国际友好的学习环境，成为各大学的竞争手段。

同时，国际学生的到来也为本地社区和经济带来了一定的活力。

3. 留学生就业与人才引进

留学生成为国际化时代的重要组成部分。各国努力吸引留学生在毕业后留在当地工作，成为国际化人才的一部分。这进一步加深了各国在教育、科技等领域的竞争。

（三）质量标准的国际化趋势

1. 教育质量评估体系

为了适应国际化的教育环境，各国纷纷建立了更加严格的教育质量评估体系。国际性的评估机构涌现，对高等教育机构进行全方位的评估，提高教育质量水平，确保学生获得国际认可的学历。

2. 质量标准的统一与差异

国际化使得各国高等教育机构面临着质量标准的统一与差异。一方面，统一的标准有助于提高全球范围内的教育水平，促进学术交流与合作；另一方面，不同国家对于教育的理念、体制存在差异，因此需要在维持国际标准的同时尊重多样性。

（四）文化交流与软实力竞争

1. 软实力的崛起

随着高等教育国际化，文化软实力的角色日益凸显。通过国际合作与交流，高等教育机构有机会提升本国文化的国际影响力，加强文化软实力。一些学科和专业在国际上的声誉也成为衡量国际竞争力的重要标志。

2. 本土文化的传播

高等教育机构作为文化的传播者，通过国际学术交流、文化活动等方式，向世界传递本土文化。这不仅有助于促进不同文化之间的理解与尊重，也提升了本国在国际上的形象。

（五）国际化背景下的合作共赢

1. 跨国联盟与合作

面对国际化带来的竞争与挑战，高等教育机构逐渐认识到合作共赢的重要性。跨国联盟和合作成为一种趋势，通过建立国际性的学术联盟，高等教育机构能够共享资源、提高办学水平，实现优势互补。这样的合作形式有助于应对全球性问题，促进全球范围内的可持续发展。

2. 交流与共建的机制

一些国际性的教育项目和交流机制也在不断涌现。例如，一些国家或地区通过双边或多边的合作协议，推动高校之间的师生交流，共同推进教育事业。这种方式有助于促进文化交流，提升各国高等教育机构的整体水平。

（六）面临的挑战与问题

1. 文化冲突与理解

尽管国际化带来了文化交流的机会，但也可能引发文化冲突。不同文化之间存在差异，理解和融合这些差异成为一个亟待解决的问题。高等教育机构需要设立跨文化交流的平台，加强学生和教职员工的跨文化培训，促进理解与尊重。

2. 质量标准的不一致

国际化的背景下，不同国家对教育质量的标准和体系存在差异。这种不一致可能导致学历认证的困难，使得学生和雇主难以准确评估学位的真实价值。因此，国际社会需要建立更加统一的学历认证和质量评估机制，以确保学历的国际通用性。

3. 资源分配与公平

国际化的背景下，一些高等教育机构可能因为资源不均衡而面临困境。一方面，一些发达国家的高校拥有更多的财政和学术资源，能够更好地吸引国际学生和合作伙伴；另一方面，一些发展中国家的高校可能因为资源不足而难以参与到全球化的竞争中。国际社会需要共同努力，通过资源共享、技术支持等方式，促进全球范围内高等教育资源的公平分配。

在国际化的大背景下，高等教育面临着合作与竞争的双重挑战。学术合作、学生流动、质量标准的国际化、文化交流等方面的变革推动了高等教育的全球化进程。然而，这也伴随着一系列的问题和挑战，需要高等教育机构、政府和国际组织共同努力解决。

未来，国际化趋势将继续深入，高等教育机构需要不断创新，建立更加灵活和适应性强的体制。加强国际合作、促进文化交流、推动教育质量的提升，都是高等教育在国际化背景下需要持续努力的方向。只有通过协同努力，各国高等教育机构才能更好地迎接全球化的挑战，为培养具备国际视野的人才、推动世界各国的共同繁荣与发展作出更大的贡献。

三、跨国学术交流与国际人才培养模式

随着全球化的推进，跨国学术交流和国际人才培养成为高等教育领域的重要议题。这一趋势不仅丰富了学术资源、促进了科研创新，更为学生提供了更广泛的学术体验和文化交流。下面将深入探讨跨国学术交流的重要性，分析国际人才培养模式的特点，并探讨未来在这一领域可能迎来的挑战和机遇。

（一）跨国学术交流的重要性

1. 资源共享与创新

跨国学术交流为高校提供了更广泛的学术资源和合作伙伴。通过国际合

作，学术界能够共享研究设备、图书馆资源、实验室设施等，推动科研成果的创新。多元的学术环境激发了研究者们更广泛的思维，推动了学科交叉与融合。

2. 全球化的研究问题

全球性的问题，如气候变化、疫情防控、能源开发等，需要全球合作来解决。跨国学术交流使得研究者能够集结全球智慧，共同应对这些复杂的挑战。国际合作项目的开展有助于形成全球性的研究网络，推动全球治理和可持续发展。

3. 文化交流与理解

跨国学术交流不仅仅是关于科研成果的传播，更涉及文化、语言、思维方式的交流。学者在国际学术交流中能够更深入地了解不同文化的观点和价值观，从而促进不同文化之间的理解与尊重。

（二）国际人才培养模式的特点

1. 多元化的学科设置

国际人才培养模式倡导多元化的学科设置，以满足全球范围内的需求。培养具备跨学科知识背景的人才，使其能够更好地适应未来社会和职场的变化。

2. 全球性的教育体验

国际人才培养强调学生获得全球性的教育体验。这包括参与国际项目、交流学生、参与实习项目等，以培养学生的国际视野和跨文化沟通能力。

3. 语言与文化的培养

在国际人才培养模式下，语言和文化的培养尤为重要。学生通常需要掌握至少一门国际通用的语言，同时具备理解和尊重不同文化的能力。这有助于他们更好地融入国际化的工作环境。

（三）跨国学术交流的实践与案例

1. 国际合作研究项目

许多高等教育机构通过国际合作研究项目推动跨国学术交流。例如，中美联合研究项目在科技创新、医学研究等领域取得了显著的成果。这些项目通常由来自不同国家的研究团队共同组成，共同解决全球性难题。

2. 国际学术会议与研讨会

国际学术会议和研讨会是学者们进行跨国学术交流的重要平台。在这些活动中，研究者能够分享最新的研究成果、探讨学术问题，并与来自世界各地的同行建立联系。这不仅有助于学术交流，也促进了国际合作研究的展开。

3. 学生交流项目

学生交流项目是国际人才培养模式的重要组成部分。例如，一些高校开展的学生交流计划使得学生能够在其他国家的大学学习一段时间，拓宽视野、提升语言能力，培养跨文化沟通技能。

（四）挑战与机遇

1. 语言障碍与文化差异

语言障碍和文化差异仍然是跨国学术交流和国际人才培养模式面临的挑战。不同国家、不同地区的学术界存在着语言和文化的差异，这可能阻碍学术合作的深入开展。因此，高校需要加强语言培训、文化交流课程等方面的支持，以降低这些障碍。

2. 财政投入与资源不均衡

跨国学术交流和国际人才培养模式需要大量的财政投入和资源支持。一些发展中国家的高校可能面临财政困难，难以承担高昂的国际合作成本。因此，国际社会需要通过政策支持、资金援助等方式，促进资源在全球范围内的更加均衡分配。

3. 教育体系的不匹配

不同国家的教育体系存在差异，包括学科设置、教学方法、考核制度等。这种差异可能导致学生在进行国际交流时遇到适应困难。建立更为统一的学科体系和学分认证机制，有助于降低这种差异性带来的障碍。

4. 全球性问题的共同应对

面对全球性问题，如疾病暴发、气候变化等，需要全球协作来解决。在这一背景下，跨国学术交流和国际人才培养模式将面临更多的机遇。高等教育机构可以通过建立全球性的合作网络，共同研究、分享经验，为解决这些重大问题贡献力量。

（五）未来发展方向

1. 加强数字化技术的应用

随着信息技术的发展，数字化技术为跨国学术交流和国际人才培养提供了更多可能性。在线教育、远程合作研究等数字化手段有助于弥合地理距离，使得学者和学生更便捷地参与国际合作。

2. 建立更加统一的学分认证体系

为了更好地推动国际人才培养，各国可以共同努力建立更加统一的学分认证体系。这样的体系有助于消除学历认证的不确定性，使得各国学生更容易被其他国家和企业认可。

3. 加强国际合作的政策支持

国际合作需要政策的支持，包括财政投入、法规制定等方面的支持。各国政府可以通过制定鼓励国际合作的政策，为高校提供更多的政策支持，推动跨国学术交流和国际人才培养模式的发展。

4. 促进学术文化的融合

学术文化的融合有助于解决语言障碍和文化差异问题。通过促进不同学术体系和文化的融合，学者和学生可以更好地适应国际化的学术环境。

跨国学术交流和国际人才培养模式是适应全球化的高等教育发展的必然趋势。这种模式不仅为高校提供了更广泛的学术资源，也为学生提供了更丰富的学术体验和职业发展机会。然而，面对语言差异、文化障碍、资源不均衡等问题，需要各国高校共同努力，通过政策支持、数字技术应用、学术文化融合等方式解决，进一步推动全球范围内的高等教育合作与人才培养。只有通过合作共赢、融合创新，才能更好地应对全球性挑战，培养具有国际竞争力的人才，推动高等教育进入新的发展阶段。

第二节　知识经济与高等教育

一、知识经济对高等教育的需求与挑战

随着全球经济的转型，知识经济作为一种基于知识创新和信息技术的经济形态逐渐崭露头角。在这个背景下，高等教育不仅承担着培养人才的使命，更面临着适应知识经济的需求和挑战。下面将深入探讨知识经济对高等教育的影响，分析其需求和带来的挑战，并探讨高校在这一背景下的发展方向。

（一）知识经济背景下的高等教育需求

1. 创新型人才的培养

知识经济强调创新是推动经济增长的核心动力，对此需要培养具备创新

精神和实际创新能力的人才。高等教育机构被要求为学生提供创新的学科体验、培养解决实际问题的能力，并激发他们的创新潜力。

2. 跨学科综合能力的强调

知识经济的特点之一是领域交叉与综合。因此，高等教育需要培养具备跨学科知识背景和能够在不同领域间协同工作的人才。这意味着学生需要具备更为广泛的知识储备，能够在不同领域中运用所学知识解决实际问题。

3. 信息技术与数字化能力的提升

知识经济依赖于信息技术的发展和数字化的进步。因此，高等教育需要适应这一趋势，培养学生具备信息管理、数据分析和数字化创新的能力，使他们能够在数字化时代中发挥更大的作用。

4. 实际应用能力的强调

知识经济要求知识能够转化为实际生产力。因此，高等教育需要更加注重实际应用能力的培养，使学生在毕业后能够迅速适应工作环境，为社会创造价值。

（二）知识经济对高等教育的挑战

1. 知识爆炸与更新速度的挑战

知识经济时代，知识爆炸性增长，学科知识不断更新。高等教育面临着如何跟上知识更新速度、为学生提供最新知识的挑战。传统的教学体系可能难以适应这种知识爆炸的情况。

2. 教育与产业之间的脱节

知识经济要求高等教育更紧密地与产业相结合，以更好地满足产业对人才的需求。然而，目前教育体系与产业之间的脱节仍然存在，学校培养的人才与实际产业需求之间存在鸿沟。

3. 数字鸿沟的拉大

虽然数字技术在知识经济中扮演重要角色,但在一些地区和人群中,数字鸿沟仍然存在。高等教育需要面对如何缩小这一鸿沟,确保所有学生都能够充分利用数字化的学习资源。

4. 教育质量与普及的平衡

在知识经济的大环境下,追求高质量的教育与推动教育的普及之间存在着平衡难题。高等教育需要在提升教育质量的同时,确保更多的人能够获得高质量的教育,以更好地服务社会和经济。

(三) 高等教育的发展方向与应对策略

1. 课程创新与实践导向

为适应知识经济的需求,高等教育需要进行课程创新,注重实践导向。引入实际案例、项目式教学等方法,使学生能够在实际问题中应用所学知识,培养解决问题的能力。

2. 跨学科研究与合作

高等教育机构应鼓励和支持跨学科研究与合作。通过建立跨学科的研究中心、推动不同学科领域的合作,促进知识的融合,培养具备跨学科综合能力的人才。

3. 产学合作与实习机会

为缩小教育与产业之间的鸿沟,高校可以加强与企业的合作,提供更多实习机会。产学合作项目不仅能够让学生更好地了解实际工作环境,还能够使高校更好地了解产业对人才的实际需求,从而调整和优化教育方案。

4. 数字化教育与在线学习

高等教育机构应当积极采用数字化技术,推动在线学习的发展。这不仅可以提供更为灵活的学习方式，满足学生个性化学习的需求，也有助于解决知识更新速度快的问题，使学生更及时地获取最新知识。

5. 全球化视野的培养

在知识经济时代，全球化的视野变得尤为重要。高等教育机构应当积极开展国际合作与交流，引进国际化的教学资源，为学生提供更广泛的学术体验和文化交流机会。培养具备国际竞争力的人才，使其能够在全球范围内参与知识经济的竞争。

6. 终身学习的理念

知识经济的发展要求人们具备不断学习的能力，因此高等教育机构需要倡导终身学习的理念。通过提供各种学历教育、继续教育、职业培训等多样化的学习机会，使人们能够不断适应新的知识和技能需求。

（四）政府和高校合作的重要性

1. 政策支持

政府在高等教育中的政策支持至关重要。政府可以通过制定相关政策，鼓励高校进行创新，提高教育质量，推动产学研合作，从而更好地适应知识经济的需求。

2. 资金投入

知识经济对高等教育提出了更高的要求，但这也需要更多的资金投入。政府应当增加对高等教育的资金支持，用于改善教学设施、推动科研创新、提高教师水平等方面，确保高校具备适应知识经济的能力。

3. 制定发展规划

政府与高校可以共同制定发展规划，明确未来的发展方向和目标。通过合作，可以更好地解决高等教育中存在的问题，推动整个体系更好地适应知识经济的发展。

4. 促进产学研结合

政府可以通过激励企业提供实习机会、建设实验室等方式，促进产学研结合。建立更加紧密的产业与高校之间的联系，使人才培养更贴近实际需求，有助于更好地适应知识经济的发展。

知识经济的兴起对高等教育提出了更高的要求，同时也带来了更多的机遇和挑战。高等教育需要适应知识经济的需求，培养创新型、跨学科综合能力强、数字化能力高的人才。在这一过程中，政府和高等教育机构需要共同合作，制定政策、投入资金、推动产学研结合，以推动高等教育体系更好地适应知识经济时代的发展。未来，高等教育机构还需不断创新教育模式，引领教育发展的潮流，培养更多具有全球视野和创新精神的人才，为知识经济的可持续发展做出更大的贡献。

二、创新与科研在高等教育中的角色

高等教育在当今社会中不仅是培养人才的重要场所，更是推动社会发展的关键力量。在这一过程中，创新与科研作为高等教育的核心元素之一，发挥着至关重要的作用。下面将深入探讨创新与科研在高等教育中的角色，分析其在学术、经济和社会层面的影响，并探讨如何进一步促进高校中的创新与科研活动。

（一）创新与科研的定义与内涵

1. 创新

创新不仅仅是新产品、新技术的产出，更是指在思维方式、组织形式、管理方式等方面的不断变革和进步。在高等教育中，创新体现在教学方法的更新、学科体系的调整、学科交叉的推进等方面。

2. 科研

科研是通过系统的调查研究和实践活动，探索未知领域，解决实际问题，推动学科知识的进步。在高等教育中，科研活动包括基础研究、应用研究、技术开发等多个层面。

（二）创新与科研在学术领域的角色

1. 学科发展的引擎

创新与科研是推动学科发展的强大引擎。通过不断地开展前沿研究、探索新的理论和方法，高等教育机构能够在学术领域取得更多的突破，推动学科的不断发展。

2. 培养创新型人才

通过参与科研项目，学生能够接触到最新的学科知识和实际问题，培养独立思考和解决问题的能力。创新型人才的培养离不开对学术研究的深入理解和实践经验的积累。

3. 学术声誉的提升

高等教育机构通过开展高水平的科研活动，能够在学术界树立良好的声誉。一流的科研成果将带动学校的整体影响力和声望，吸引更多的优秀学者和学生加入。

（三）创新与科研在经济领域的角色

1. 产业创新的支撑

高等教育机构通过科研活动为产业创新提供支撑。科技研究成果的转化为实际应用，推动产业的不断升级，提高国家整体竞争力。

2. 人才培养与经济发展

创新与科研是培养高素质人才的有效途径。高等教育通过科研活动培养出具备前沿科技知识和实践能力的人才，为社会经济的快速发展提供坚实的人才基础。

3. 创新创业的孵化器

高校的科研成果往往成为创业的重要资源。创新创业孵化器的建设与发展，为校内科研团队提供了更多的创业机会，促进了高校科技成果的商业化。

（四）创新与科研在社会层面的角色

1. 社会问题的解决

高等教育通过科研活动致力于解决社会实际问题。例如，在医学领域的疾病治疗、环境科学的环保技术等方面，高校的科研成果直接关系到社会的福祉和可持续发展。

2. 社会文明的传承

高校的创新与科研活动也是社会文明传承的一部分。通过对人类文化、历史、艺术等领域的研究，高等教育机构在文化传承方面发挥着不可替代的作用。

3. 科学素养的提升

高校通过科研活动向社会传递科学理念，提升公众的科学素养。科学素养的提升有助于培养公民更好地理解和参与科学决策，推动社会的科学化进程。

（五）高校中创新与科研的挑战与应对策略

1. 资金不足

创新与科研需要大量的资金支持，而高校中常常存在资金不足的问题。高校可以通过与企业、政府等合作，争取更多的科研经费。此外，建立科研基金、鼓励教师申请国家和地方科研项目等也是有效的策略，以确保高校能够持续进行有价值的创新与科研活动。

2. 人才流失

高水平的人才是创新与科研的关键。然而，一些高校可能面临人才流失的问题，教师离职导致科研团队的不稳定。高校可以通过提高薪酬待遇、优化科研工作环境、加强人才培养与引进等措施，留住和吸引更多的优秀人才。

3. 学术评价机制不完善

一些学校可能存在以数量为导向的学术评价机制，导致一些科研成果的质量被忽视。改进学术评价机制，注重对高水平学术论文、重要科研项目和实际应用成果的认可，可以激发教师更积极地投入到有价值的科研工作中。

4. 行政管理体制不灵活

高校中的行政管理体制可能相对僵化，制约了创新与科研的灵活性。建立更加灵活、透明、有效的科研管理体制，减少冗余环节，为科研活动提供更大的空间和支持。

（六）未来发展方向与展望

1. 强化产学研合作

未来，高校应更加强化与产业界的合作，促进科研成果更好地转化为实际应用。建立产学研一体化的平台，鼓励教师与企业专业人员深度合作，将科研成果快速推向市场。

2. 推动跨学科合作

面对日益复杂的社会问题，未来高校应推动更多的跨学科合作。建立跨学科研究中心、促进不同学科领域的交流与合作，以形成更具综合性和创新性的研究成果。

3. 加强国际合作与交流

在全球化的趋势下，高校应积极加强国际合作与交流。与国际顶尖学府合作、参与国际性科研项目，将有助于提升高校的国际影响力，推动科研活动走向国际化。

4. 引导研究方向服务国家需求

高校的科研活动应更加紧密地服务国家需求。面向国家战略需求和社会问题，引导研究方向，使科研成果更好地对国家发展产生积极影响。

5. 推动开放科研文化

未来高校应推动更加开放的科研文化。鼓励分享科研数据、加强科研成果的对外交流，为全球科研界提供更多的共享资源，促进科研的共同进步。

创新与科研在高等教育中不仅是推动学术发展的引擎，更是推动经济社会进步的关键力量。通过在学术、经济和社会层面的多方面作用，创新与科研为高等教育机构和整个社会带来了深远的影响。高等教育机构在培养创新型人才、推动学科发展、服务社会需求等方面发挥了不可替代的作用。然而，面临着资金不足、人才流失、学术评价机制不完善等挑战，高校需要积极采取措施，不断完善管理机制，提高科研水平，更好地履行自身在创新与科研方面的使命。

未来，高校应当加强与产业界的合作，促进科研成果更好地服务于产业发展和经济创新。跨学科研究的推动将有助于在解决复杂社会问题方面取得更加综合性的成果。国际合作与交流不仅能够丰富学术资源，还能够提高高校的国际影响力。引导研究方向服务国家需求，将有助于高校更好地对接国家发展战略。

在推动创新与科研的过程中，高校还需关注开放科研文化的建设，促进科研成果的共享和交流。这有助于加速科研进程，推动整个学术界的发展。同时，高校需要树立更为灵活、激励和创新的学术评价机制，使教师更有动力投入到高水平的科研工作中。

总体而言，创新与科研在高等教育中的角色不仅是提高学术水平的推动力，更是培养创新人才、服务社会发展的关键因素。高校应在面对挑战的同时，积极应对，不断探索适应未来发展的创新路径，为社会的可持续发展和人才培养作出更大的贡献。

三、技能培养与知识经济的对接

知识经济的兴起使技能培养成为高等教育中的一个关键议题。在知识经济时代，技能不仅是提高就业竞争力的重要因素，更是推动创新、推动经济发展的基础。下面将深入探讨技能培养与知识经济的对接，分析在这一背景下高等教育需要关注的关键问题，以及制定有效的策略与方法。

（一）知识经济与技能需求

1. 知识经济的本质

知识经济是以知识为核心生产要素的经济形态。在这一经济形态中，知识的创造、获取和运用成为推动社会进步和经济增长的关键力量。知识的快速更新和技术创新成为推动经济发展的核心动力。

2. 技能需求的演变

随着知识经济的发展，对人才的需求也发生了深刻的变化。传统的劳动力市场更加注重基本技能，而在知识经济时代，更加强调创新、解决问题的能力、跨学科综合能力以及信息技术应用能力。这使得高等教育需要更加注重培养学生的实际应用技能，以适应知识经济的需求。

（二）高等教育中的技能培养

1. 实际应用能力的培养

知识经济要求人才能够将所学知识应用于实际问题的解决。因此，高等教育应注重培养学生的实际应用能力，通过项目式教学、实习实训等方式，使学生能够在真实场景中应用所学知识。

2. 创新能力的培养

创新是知识经济的核心。高等教育应当通过课程设置、科研项目等途径，激发学生的创新意识和创新能力。培养学生独立思考、解决问题的能力，使他们具备在不同领域进行创新的潜力。

3. 跨学科综合能力的强调

知识经济的特点之一是学科的交叉与融合。高等教育应当注重培养学生的跨学科综合能力，使他们能够在不同领域中协同工作，更好地适应复杂多变的知识经济环境。

4. 数字化与信息技术能力的提升

在知识经济时代，信息技术的应用成为各行各业的基本要求。高等教育应当注重培养学生的信息技术能力，包括数据分析、数字创新等方面的技能，使他们能够更好地适应数字化的工作环境。

（三）技能培养面临的挑战

1. 技能与理论知识的平衡

高等教育在技能培养方面面临一个挑战是如何平衡技能培养与理论知识传授。在追求实际应用能力的同时，仍然需要确保学生具备扎实的理论基础。因此，高校需要设计灵活而富有深度的课程体系，以保证学生既能获得实际技能，又能够理解知识的背后原理。

2. 课程更新与知识爆炸的匹配

知识经济的快速发展导致知识的爆炸性增长，新知识涌现迅猛。高等教育机构需要确保课程内容与最新的行业趋势和技术发展相匹配。这意味着高校需要不断更新课程，调整教学内容，以确保学生毕业时具备最新的技能和知识。

3. 教育资源不均衡

一些高校可能面临教育资源不均衡的问题，包括师资、实验设备、实践机会等方面。这会导致一些学生无法充分获得技能培养的机会。高校需要采取措施，通过合作、资源共享等方式，确保教育资源更加均衡地分布。

4. 传统评价体系的制约

传统的评价体系可能更加偏重理论知识，而对于实际技能的评价相对较少。高等教育机构需要调整评价体系，更全面地考查学生的技能水平，包括项目作品、实际操作等方面，以更好地反映学生的综合素养。

（四）高等教育技能培养的策略与方法

1. 强化实践教学

为了强化实践教学，高等教育机构可以采取以下策略和方法：

（1）实施项目式教学

通过引入项目式教学，让学生在解决实际问题的过程中运用所学知识，培养他们的团队协作、问题解决和创新能力。这种方式能够更贴近实际工作场景，使学生能够更好地将理论知识转化为实际技能。

（2）加强实习和实训机会

与行业合作，提供更多实习和实训机会，让学生能够在真实的工作环境中积累经验。这不仅有助于学生更好地理解所学知识在实际工作中的应用，还能够建立起与企业的联系，促进毕业生顺利就业。

（3）建设实验室和创客空间

为学生提供充足的实践场地，建设先进的实验室和创客空间，鼓励学生进行实际操作和创新实践。这样的环境可以培养学生动手能力和实际解决问题的经验。

2. 推动跨学科融合

为了培养学生的跨学科综合能力，高等教育机构可以采取以下策略和方法：

（1）交叉学科课程设置

设计交叉学科的课程，使不同专业的学生能够在一起学习，从而促使他们更好地理解其他领域的知识，形成综合素养。

（2）跨学科研究中心的建立

设立跨学科研究中心，集结来自不同学科背景的研究人员共同参与研究项目。这有助于促进学科之间的交流与合作，培养学生在不同领域中的综合能力。

（3）跨专业实践团队

组建跨专业的实践团队，让来自不同专业的学生共同参与实际项目，协同解决复杂问题。通过与其他专业领域的同学合作，能够更好地培养学生的团队协作和综合运用知识的能力。

3. 强化信息技术教育

为了提升学生的信息技术能力，高等教育机构可以采取以下策略和方法：

（1）引入前沿科技课程

及时引入最新的前沿科技课程，包括人工智能、大数据分析等，以确保学生学到的技术是与当前产业需求相符的。这有助于学生更好地适应知识经济的数字化发展趋势。

（2）创设数字化学习环境

建设数字化学习环境，提供在线学习资源和工具，让学生能够灵活自主地获取所需知识。借助在线平台，可以更好地整合全球范围内的学术资源，让学生跨足国际领域。

（3）实施信息技术课程认证

通过引入相关的信息技术认证体系，如微软、思科等的认证课程，帮助学生提升实际技能水平，增加就业竞争力。

（五）未来展望与挑战

1. 未来展望

随着知识经济的不断发展，技能培养与高等教育的对接将更加紧密。未来高等教育有望实现以下方面的发展。

（1）个性化技能培养

通过先进的教育技术和个性化学习系统，实现对学生个性化技能培养的精准定制。这有助于更好地满足不同学生的学习需求，培养更具特色和优势的人才。

（2）深度融合产业需求

更深度地融合产业需求，通过与企业建立战略合作伙伴关系，制定更贴近实际行业需求的课程体系，确保毕业生具备更高的职业竞争力。

（3）强化国际化视野

推动国际化，通过引进国际先进的教学理念和技术，培养具备国际竞争力的人才。同时，鼓励学生参与国际交流与合作，拓宽视野，更好地适应全球化的职场。

2. 面临的挑战

然而，技能培养与知识经济的对接也将面临一系列挑战。

（1）快速变化的技术发展

技术的迅速发展可能导致培养计划的滞后。高校需要确保课程的及时更新，与行业保持紧密联系，以适应技术变革的速度。灵活的课程设置和实践项目的快速调整将是应对这一挑战的有效手段。

（2）人才培养与职业需求的匹配

知识经济中，职业需求可能日新月异，高校需不断调整培养目标与实际职业需求的匹配度。建立有效的反馈机制，与产业界建立紧密联系，更准确地了解职业市场的需求，及时调整培养方案。

（3）资源投入不均衡

一些高校可能面临资源投入不均衡的问题，特别是在设备、实验室建设和师资方面。为了解决这一问题，需要采取更加灵活的合作方式，共享资源，确保每个学生都能够享受到高质量的技能培养。

（4）传统教育观念的阻碍

传统的教育观念可能导致一些教育机构对技能培养的重视不够。推动整个教育体系的变革，促使教育者更加注重学生的实际技能培养，将是一项长期而复杂的任务。

在知识经济时代，技能培养与高等教育的对接已经成为不可忽视的重要议题。为了适应经济的转型和社会的发展，高等教育机构需要在培养目标、课程设置、教学方法等方面进行全面调整，以更好地满足知识经济对人才的需求。

通过强化实践教学、推动跨学科融合、加强信息技术教育等策略，高等教育机构可以更好地培养学生的实际应用能力、创新能力和信息技术能力。然而，面临的挑战也需要高校积极应对，包括及时调整课程、灵活运用教育资源、与产业界紧密合作等。

未来，随着科技的发展和产业的变革，技能培养与知识经济的对接将需要不断调整和创新。高等教育机构需要保持敏锐的洞察力，灵活应对变化，为学生提供更符合时代需求的教育，助力他们在知识经济中取得成功。

第三节　市场经济与高等教育管理体制

一、市场经济改革对高等教育体制的冲击

20世纪末以来，全球范围内市场经济的崛起和蓬勃发展对各个社会领域都产生了深远的影响，高等教育领域也不例外。市场经济改革带来的冲击使

高等教育体制面临一系列挑战和机遇。下面将深入探讨市场经济改革对高等教育体制的冲击，分析其影响因素、变革过程以及应对策略。

（一）市场经济改革的背景

1. 市场经济的兴起

市场经济的兴起是 20 世纪末的全球性趋势，国家在资源配置中逐渐放弃对经济的直接控制，加强市场机制的作用。这一转变使得社会各个领域都需要适应市场规律，高等教育作为社会发展的重要组成部分同样受到深刻的影响。

2. 全球化的趋势

市场经济改革伴随着全球化的趋势，国家之间的经济、文化、科技交流日益频繁。高等教育不再局限于国家范围，而是需要适应全球化的竞争和合作，这对高等教育体制提出了新的要求。

（二）影响因素与冲击

1. 资金来源的多元化

市场经济改革导致高校资金来源的多元化，传统的财政拨款模式逐渐减少，而来自市场的资金占比逐渐增加。这使得高校更加依赖于自身的运营能力和吸引力，需要更灵活地运用资金，提高经济效益。

2. 招生机制的变革

市场经济改革对高校招生机制带来了冲击。传统的政府计划经济时代，高校的招生计划由中央或地方政府统一规划，而市场经济改革后，高校需要更加注重市场需求，根据社会对人才的需求进行灵活的招生计划调整。

3. 竞争与评价机制的强化

市场经济的竞争机制深刻影响了高等教育领域。高校之间的竞争不再仅仅是在学术领域，更包括对学科优势、师资力量、科研水平、社会声誉等多个方面的竞争。评价机制的强化使得高校需要更加注重提升自身实力，以吸引更多的生源和资源。

4. 人才培养目标的调整

市场经济改革使人才培养目标更加贴近市场需求。传统的人才培养目标更加强调理论知识的传授，而市场经济下，高校需要更注重培养学生实际应用能力、创新能力和适应市场变化的能力，以满足社会对多层次、复合型人才的需求。

（三）变革过程与挑战

1. 多元化的办学体制

为适应市场经济改革，我国高等教育逐渐形成了多元化的办学体制。除了继续保留的全日制本专科教育外，还涌现出了成人教育、远程教育、在线教育等多种灵活的培训方式。这种多元化的办学体制为不同层次、不同类型的学生提供了更多选择。

2. 科研与产业结合的加强

市场经济改革要求高校更加注重科研与产业结合，推动科研成果转化为实际生产力。高校需要积极与企业、产业界建立紧密联系，加强产学研合作，促进科研项目更好地服务于社会经济发展。

3. 国际化办学的推进

为适应全球化的潮流，高等教育体制逐渐推进国际化办学。这包括引进国外先进的教育理念和教学资源，积极开展国际学术交流与合作，吸引更多国际学生来华学习，提升高校的国际影响力。

4. 学科结构的优化

市场经济改革促使高校对学科结构进行优化调整。一方面，加强热门专业建设，满足市场需求；另一方面，注重基础学科和战略新兴学科的培养，保证学科结构的全面性和均衡性。这种优化使高校更能适应社会变革和市场需求，提高培养质量。

5. 创新人才培养模式

市场经济改革催生了创新人才培养模式的探索。高校开始尝试开设创新创业类课程，设立创业孵化基地，引导学生参与创新项目。这有助于培养学生创新精神和实际应用能力，使他们更好地适应市场竞争。

然而，随着这一变革过程的推进，高等教育体制也面临一系列挑战。

（1）人才培养与社会需求的矛盾

市场经济改革要求高校更加关注培养实际应用能力的人才，但在实际操作中，一些高校可能难以迅速调整培养目标，使人才培养与社会需求产生一定的矛盾。

（2）教育资源分配不均

由于市场竞争加剧，一些高校可能更容易获得优质的教育资源，而一些地方性、普通性高校可能面临资源分配不均的问题，这可能影响到教育的公平性。

（3）评价指标的单一化

为了适应市场竞争，一些高校可能过于追求某些评价指标，如学术论文数量、科研项目经费等，而忽视了实际应用能力的培养。评价指标的单一化可能导致高校偏离人才培养的本质目标。

（4）教育质量与数量的平衡

市场经济改革使高校面临提高教育质量与扩大规模的双重压力。在争夺更多生源、争取更多社会资金的过程中，高校需要努力保持教育质量，防止规模扩张导致的教学水平下降。

（四）应对策略与未来展望

1. 加强内涵建设

为更好地适应市场经济改单，高等教育机构应加强内涵建设，注重培养学生的实际应用能力、创新能力和团队协作精神。开展项目式教学、实践活动、创新创业教育等，确保学生能够更好地适应市场需求。

2. 推进产学研合作

加强与企业、产业界的合作，推动产学研合作，促进科研成果的转化。通过与企业建立实习基地、共建实验室等方式，提高学生的实际应用能力，增强高校在产业中的影响力。

3. 拓展国际化合作

面对全球化的趋势，高等教育机构应积极拓展国际化合作，引进国外优质教育资源，提供更多国际化的教学项目。推动国际学术交流、合作研究，培养具有国际竞争力的人才。

4. 完善评价体系

高等教育机构应根据市场经济改革的要求，完善评价体系。不仅要注重学术研究水平，还要关注学生实际能力的培养。建立全面、多元的评价指标，更好地反映高校的综合实力。

5. 加强师资队伍建设

培养适应市场需求的人才需要具备高水平的教育教学水平和实际工作经验。因此，高等教育机构应加强师资队伍的建设，吸引更多优秀的教育者和实际经验丰富的从业者加入。

未来，随着市场经济的深入发展，高等教育体制将面临更多新的挑战和机遇。高校需要紧跟时代步伐，灵活应对各种变化，以更好地服务社会发展和培养更为全面的人才。同时，政府、企业和高校之间需要共同努力，形成合力，推动高等教育体制的创新和升级。

二、高等教育管理体制的市场化趋势

随着全球范围内市场经济的兴起和发展，高等教育管理体制也呈现出市场化的趋势。市场化的高等教育管理体制意味着更多地运用市场机制和竞争原则，以提高高校的运行效率、适应社会需求。下面将探讨高等教育管理体制市场化的背景、影响因素、具体体现和未来展望。

（一）背景与市场化的动因

1. 市场经济改革的推动

市场经济改革是市场化高等教育管理体制的主要背景之一。随着市场经济理念的传播，许多国家开始注重市场机制的运作，包括高等教育领域。市场机制的引入旨在通过竞争和效益导向，提高高校的运作效率和服务质量。

2. 社会对高等教育的多元需求

随着社会结构的变化和科技的发展，人们对高等教育的需求变得更加多元化。传统的学术性和理论性教育已经不能完全满足社会的需求，市场化的趋势使得高等教育更注重培养实用型、创新型和适应市场需求的人才。

3. 资金来源多元化的要求

传统上，高等教育主要依赖政府拨款，但由于财政压力和教育资源的有限性，越来越多的国家开始鼓励高校寻找多元化的资金来源。市场化管理体制使高校更容易吸引社会资本，实现资金的多元化来源。

（二）影响因素与市场化的动力

1. 政策法规的引导

政府出台的相关政策法规对高等教育管理体制的市场化有着直接的引导作用。一些国家逐渐取消对高校的直接干预，通过放宽准入条件、鼓励竞争等方式推动高校更多地依靠市场机制来进行管理。

2. 高校内部的体制机制

高校内部的体制机制也是市场化动力的重要因素。一些高校通过内部管理体制的调整，引入更多市场化元素，如设立校企合作机构、建立科研成果转化机制等，以提高高校的自主管理水平。

3. 教育服务需求的多样性

学生和社会对教育服务的需求越来越多样化，包括学历教育、继续教育、职业培训等。市场化的趋势使得高校更加注重灵活性，根据市场需求调整教育服务的内容和形式，提供更贴近实际需求的教育服务。

4. 国际化竞争的加剧

全球化的趋势使得高等教育面临国际化竞争的压力。为了在国际竞争中脱颖而出，高校需要更好地适应市场规律，提高国际声誉，吸引更多国际学生和合作伙伴。

（三）具体体现和实践

1. 学费制度的变革

市场化趋势下，学费制度逐渐发生变革。传统上，一些国家实行的免费或低收费政策逐渐放宽，高校有更大的自主权来确定学费水平。此外，一些高校还通过设立奖学金、减免学费等方式来吸引优秀学生。

2. 产学研合作的加强

市场化的管理体制推动高校加强与产业界的合作。通过与企业建立紧密联系，高校可以更好地理解市场需求，调整专业设置，开展产学研一体化的人才培养，提高学生就业竞争力。

3. 科研项目的市场导向

高校科研项目的选择更加市场导向。传统上，科研项目可能更加注重学术性，而在市场化趋势下，高校更加倾向于选择能够更直接应用于产业、解决社会问题的科研项目，以提高科研成果的社会影响力。

4. 创新创业教育的推进

为培养更具创新精神和实际应用能力的人才，高校加强创新创业教育。通过开设相关课程、组织创业实践活动，帮助学生更好地适应市场竞争，培养创新创业能力。

5. 校企合作与技术转移

市场化趋势下，高校与企业之间的校企合作与技术转移得以加强。高校通过与企业签订合作协议，共同进行科研项目、技术转移和人才培养，实现产学研一体化。这种合作模式有助于高校更好地将科研成果转化为实际生产力，推动科技创新和经济发展。

6. 学科竞争与特色发展

市场化趋势推动高校更加注重学科建设和特色发展。高校在学科建设上加大投入，推动一流学科建设，以提高整体实力。同时，通过学科特色的发展，高校能够在竞争中脱颖而出，更好地吸引生源和社会资源。

（四）面临的挑战与问题

1. 贫富差距的扩大

市场化趋势下，高校的经济来源更加多元，但也带来了贫富差距的扩大。一些顶尖高校由于能够吸引更多社会资本和生源，财政实力得到增强，而一些地方性、普通性高校可能因为资源匮乏而面临困境。这种差距可能影响到高等教育的公平性。

2. 学术价值与市场需求的平衡

市场化趋势下，高校更加注重满足市场需求，但这可能导致学术价值的丧失。一些高校可能过于追求应用性、实用性，忽视了对基础研究和人文社科研究的支持，可能影响到高等教育的全面性和深度。

3. 评价指标的单一化

在市场化趋势下，一些评价指标可能过于单一，过分注重学术论文数量、科研项目经费等。这可能导致高校在追求这些指标的过程中忽视了对学生全面发展的关注，学术评价体系需要更加全面、多元。

4. 就业导向与人才培养的平衡

市场化管理体制使得高校更加注重培养就业竞争力强的人才，但这也可能导致一些专业的过度热门，而一些理论性较强、就业前景相对较低的专业面临边缘化。高校需要更好地平衡就业导向和人才全面培养之间的关系。

（五）应对策略与未来展望

1. 完善财政保障机制

为了缓解高校之间的贫富差距，政府需要建立更加完善的财政保障机制。对于一些地方性、普通性高校，可以通过增加政府财政支持、优化资金分配机制等方式，确保它们在市场竞争中有更多公平的机会。

2. 优化评价体系

为了避免评价指标的单一化，高校可以倡导并参与评价体系的优化工作。建立更加全面、科学的评价指标，包括学术研究、人才培养、社会服务等多个方面，使评价更加全面客观。

3. 强化学术和实用相结合

高校需要更好地平衡学术和实用之间的关系。在培养人才过程中，高校可以加强实践教学、实习实训等环节，使学生既具备扎实的理论基础，又能够熟练运用在实际工作中。

4. 加强国际合作与交流

为了更好地适应全球化竞争，高校可以加强国际合作与交流。引进国外优质教育资源，提高国际知名度，吸引更多国际学生和优秀教师，推动高校更好地融入国际教育体系。

5. 促进产学研深度融合

高校与企业的深度合作是市场化管理体制下的重要方向。政府可以通过提供政策支持、设立科技创新基金等方式，鼓励高校与企业在产学研方面深度融合，推动科研成果更好地应用于实际产业。

高等教育管理体制的市场化趋势是社会发展和经济全球化的产物，既带来了机遇，也带来了一系列挑战。高校需要在适应市场化的同时，保持对学术价值的坚守，注重全面人才培养。政府、高校和社会应共同努力，通过政策支持、体制机制创新等手段，促进高等教育管理体制的更好发展，以更好地满足社会需求，培养适应未来发展的高素质人才。

三、高等教育管理中的财务与资源配置问题

高等教育作为社会进步和人才培养的重要组成部分，其财务与资源配置一直备受关注。财务与资源的科学合理配置直接关系到高校的教育质量、科研实力和学科建设。下面将探讨高等教育管理中存在的财务与资源配置问题，分析其影响因素、具体表现以及应对策略。

（一）影响因素分析

1. 财政投入不足

高等教育的发展需要大量的财政资金支持，但在一些国家或地区，财政投入不足是制约高等教育发展的主要问题之一。财政预算有限导致高校在人才引进、基础设施建设、科研项目支持等方面受到限制，影响了整体教育质量。

2. 资源分配不均

资源分配不均是高等教育管理中的另一个问题。一些重点高校可能因为

历史原因、地理位置等因素获得更多的资源支持，而一些地方性、普通性高校可能面临资源匮乏的困境。这种不均衡的分配可能导致高校之间的差距进一步扩大。

3. 教育管理体制不灵活

一些高校教育管理体制相对僵化，导致资源配置的灵活性不足。传统的管理模式可能难以适应快速变化的社会需求和科技进步，阻碍了高校对资源进行更加科学合理的配置。

4. 产学研合作不畅

高等教育的财务与资源配置还受到产学研合作不畅的制约。高校与企业、产业界合作的不足使得科研项目难以与实际需求对接，影响了资源的有效利用和科研成果的转化。

（二）财务与资源配置的具体问题

1. 师资队伍建设问题

师资队伍是高等教育的核心资源之一，但一些高校面临着师资不足和结构不合理的问题。在财务有限的情况下，一些高校难以聘请到优秀的教育者和研究人员，师资队伍的水平和结构难以满足多层次、复合型人才培养的需求。

2. 实验室和设施建设问题

一些高校的实验室和设施建设相对滞后，这影响了科研和实践教学的开展。缺乏现代化的实验室设备和良好的教学场地可能导致学生的实际操作能力不足，影响教育质量。

3. 科研项目支持不足

高校的科研项目支持通常依赖于财政拨款和企业合作，但由于一些政策和行业的限制，一些高校在科研项目上可能面临资金不足的问题。这限制了高校的科研水平和对社会需求的及时响应。

4. 学科建设与发展不平衡

一些高校在学科建设上过于追求热门专业，而忽视了一些基础学科和战略新兴学科的培养。这导致学科结构的不平衡，一些学科的发展滞后，难以适应社会发展的需要。

（三）应对策略与改进方案

1. 加大财政投入

政府需要加大对高等教育的财政投入，确保高校有足够的资金支持。通过提高财政拨款、设立教育基金等方式，保障高校正常运转，并支持其在师资队伍建设、实验室设施建设、科研项目等方面的需求。

2. 优化资源配置机制

建立更加公平合理的资源配置机制，确保资源能够更加均衡地分配到各个高校。通过建立科学的评价体系，根据高校的办学质量、科研水平、社会服务等方面的综合表现进行资源分配，避免资源过于集中或分散，促进高校间的均衡发展。

3. 推动教育体制改革

教育体制的灵活性对于资源的科学配置至关重要。通过推动教育体制改革，减少行政层级，提高高校的自主权和管理灵活性，使其能够更加有效地进行资源配置，满足不同层次、不同领域的需求。

4. 加强产学研合作

促进高校与产业界的合作，加强产学研深度融合。通过建立产学研合作平台、推动科技成果转移等方式，实现高校科研成果的产业化，为高校提供更多的财务支持，推动科研与实际应用的结合。

5. 加强国际合作与交流

加强高校的国际合作与交流，引进国外先进的教育理念、管理经验和优质教育资源。通过国际化合作，高校可以更好地拓宽视野，提高自身的教育质量和水平，获得更多的国际合作机会。

6. 引导学科结构调整

政府和高校应共同引导学科结构的调整，鼓励高校在学科建设上更加注重全面发展，避免盲目跟风追逐热门专业。通过提供相应的政策支持，推动学科的均衡发展，使高校的学科布局更贴近社会需求。

（四）创新管理理念与方式

1. 引入现代管理理念

高校需要引入现代管理理念，借鉴企业管理的先进经验。建立灵活高效的管理机制，采用项目管理、绩效管理等现代管理工具，提高高校管理效率，确保财务与资源的科学配置。

2. 推动数字化转型

推动高校的数字化转型，利用信息技术、大数据分析等手段进行管理。建立信息系统，实现对财务、资源的全面监控和精细化管理，提高决策的科学性和准确性。

3. 鼓励创新机制的建立

鼓励高校建立创新机制，包括创新教学模式、科研项目管理模式等。通过设立创新基金、推动科技成果转化等方式，激励教职员工参与创新活动，提高高校整体创新能力。

4. 优化人才培养模式

优化人才培养模式，强调培养学生的实际应用能力、创新能力和团队协作精神。通过与企业的深度合作、开展实践教学、实习实训等方式，使学生更好地适应市场需求，提高就业竞争力。

高等教育管理中的财务与资源配置问题是一个综合性、长期性的挑战。要解决这一问题，需要政府、高校、企业等多方共同努力。通过加大财政投入、优化资源配置机制、推动教育体制改革、加强产学研合作等措施，高等教育管理体制才能更好地适应社会发展的需要，为培养更多高素质人才和促进社会进步做出更大的贡献。

第四节　新公共管理运动与高等教育管理体制

一、新公共管理运动的理论基础

新公共管理（New Public Management，NPM）运动是 20 世纪 80 年代后期至 90 年代初期在全球范围兴起的一场公共管理变革运动。该运动的核心理念是倡导在公共部门引入私营企业管理的效率和灵活性，以提高公共服务的效能和效率。下面将深入探讨新公共管理运动的理论基础，包括其产生背景、主要特征，以及在公共管理领域的影响。

（一）新公共管理运动的产生背景

新公共管理运动的产生背景主要源于对传统公共管理模式的不满和对市场经济模式的借鉴。传统的公共管理模式在 20 世纪初至中期以强调规则和程序的法律主义为特征，但在面对复杂的社会问题和快速变化的环境时，其效率和灵活性显然受到限制。与此同时，市场经济模式的成功应用，使得人们开始思考是否可以借鉴私营企业的管理方式来提高公共部门的绩效。

1. 政府的压缩与改革需求

在 20 世纪 80 年代，各国纷纷面临经济困境和财政压力，政府需要在有限的资源下提供更多、更好的公共服务。传统的公共管理模式显然无法满足这一需求，因此产生了对管理模式的重新思考和调整。

2. 市场经济的成功经验

市场经济的成功经验引起了对市场机制在公共领域的应用的关注。人们开始认识到，私营企业在追求效益和创新方面的灵活性可能为公共部门提供借鉴的经验。

3. 公共服务的多元性需求

社会的发展导致了公共服务需求的多元化，传统的集中式管理难以适应这种变化。新公共管理提倡更加灵活、多元的管理方式，以更好地满足不同群体和利益的需求。

（二）新公共管理运动的主要特征

新公共管理运动具有多个显著特征，这些特征共同构成了其理论基础，并在实践中得到了广泛的应用。

1. 市场化导向

新公共管理强调市场机制在公共服务提供中的作用。通过引入市场化的竞争机制，提高公共服务的效率，鼓励创新，使公共机构更具竞争力。

2. 结果导向

新公共管理更加关注结果和绩效，而非过程。强调设定清晰的绩效目标，通过对绩效的评估来激励公共机构提高效率和服务质量。

3. 去中心化与灵活性

相对于传统的集中式管理，新公共管理倡导去中心化和分权。强调在服务提供中赋予地方和机构更多决策权，以提高灵活性和适应性。

4. 私有化与合同化

新公共管理鼓励公共部门引入私有化和合同化的管理方式。通过将一部分公共服务外包给私人或非政府组织，以提高效率并降低成本。

5. 客户导向

新公共管理倡导以客户为中心，强调满足公众需求和期望。通过更好地了解和满足用户需求，提高公共服务的用户满意度。

（三）新公共管理的理论基础

新公共管理的理论基础主要有以下几个方面：

1. 新制度经济学

新制度经济学强调组织结构对于经济行为的影响。在新公共管理中，这一理论解释了为什么改革组织结构可以改善公共服务的效率。通过引入市场化机制、明确产权关系，新制度经济学为新公共管理提供了理论支持。

2. 社会合同理论

社会合同理论认为，人们在组织和合作中是基于某种合同或协议的，而这种协议的目标是最大化个体和集体的利益。新公共管理中的合同化管理方式和强调绩效的特征与社会合同理论相契合。

3. 公共选择理论

公共选择理论强调公共行政决策是一种集体决策，其过程和效果受到参与者的利益和权力关系的影响。新公共管理通过强调市场机制、结果导向等特征，反映了公共选择理论对公共管理的启示。

4. 管理学理论

新公共管理汲取了管理学领域的许多理论，包括领导理论、团队建设理论、变革管理理论等。这些理论为新公共管理提供了在实践中更好地进行管理和组织的方法。

（四）新公共管理的影响

1. 效率提升

新公共管理运动的实施旨在提高公共服务的效率和绩效。通过引入市场机制、强调结果导向、去中心化等特征，许多国家的公共部门在运作中更注重效率，提高了资源利用效益，使公共服务更加灵活、高效。

2. 创新与适应性增强

新公共管理的理念注重创新和适应性。通过强调灵活性、分权和客户导向，公共部门更容易应对社会变革、技术进步等方面的挑战，更具适应性和创新性。

3. 资源配置更灵活

去中心化和市场化的管理方式使得资源配置更加灵活。机构可以更加灵活地调整资源分配，根据需求调整服务内容，从而更好地满足多样化的公众需求。

4. 市场机制的引入

新公共管理引入了市场机制，通过引入竞争、合同化管理等方式，促使公共机构更注重成本效益和市场竞争，从而提高了公共服务的质量和效率。

5. 公共服务的多元化

新公共管理强调客户导向，关注公众需求。这导致公共服务的多元化，更符合不同群体和个体的需求，提高了公共服务的覆盖面和适应性。

（五）新公共管理的争议与挑战

尽管新公共管理在提高效率、创新管理方面取得了一些成功，但也面临一些争议和挑战。

1. 过度商业化的问题

批评者指出，新公共管理可能导致过度商业化的问题，使公共服务过于追求经济效益，而忽视了一些社会责任和公益性质。例如，私有化可能导致某些服务对社会较为脆弱的群体不公平。

2. 管理过于简化

新公共管理强调结果导向，但过于强调绩效评估和量化指标可能导致对服务质量和社会影响的过度简化。有时，简化的管理方式难以全面反映公共服务的实质。

3. 社会不平等的加剧

一些批评者认为，新公共管理可能加剧社会不平等。对于一些社会群体来说，私有化和市场机制可能使他们更难以获得高质量的公共服务，导致服务质量的不均衡。

4. 忽视组织文化和价值观

新公共管理强调效率和绩效，但有时忽视了组织文化和价值观的重要性。过度注重硬性的管理手段可能导致组织内部的紧张和不稳定。

新公共管理运动在全球范围内引起了对公共管理方式的深刻反思和调整。其理论基础包括新制度经济学、社会合同理论、公共选择理论以及一系列管理学理论。通过强调市场机制、结果导向、去中心化和客户导向等特征，新公共管理试图在提高公共服务效率、适应性和创新性方面取得实质性的改进。

然而，新公共管理也面临诸多争议和挑战，包括过度商业化、管理过于简化、社会不平等加剧等问题。未来，公共管理领域需要在新公共管理的理念基础上进行更加深入的研究，寻找更为平衡和可持续的公共管理模式，以更好地服务社会的发展和公众的需求。

二、新公共管理在高等教育管理中的应用

在高等教育领域，NPM 的理念也得到了广泛应用。下面将探讨新公共管理在高等教育管理中的应用，包括其主要特征、优势与挑战。

（一）新公共管理在高等教育中的主要特征

1. 市场化导向

新公共管理在高等教育管理中的一大特征是市场化导向。这意味着高校被鼓励采用更多市场机制，引入竞争元素，提高办学效益。例如，通过制定课程收费、引入竞聘制度等方式，使高校更具市场竞争力，激发其内在活力。

2. 结果导向

与传统的过程导向不同，新公共管理强调结果导向。在高等教育中，这意味着高校的绩效评估应更加注重学术研究、教学效果和社会服务等方面的成果，而不仅仅是行政层面的过程。

3. 去中心化与灵活性

新公共管理倡导去中心化和灵活性，这在高等教育中表现为更多的自主权和分权。高校被鼓励更加灵活地管理资源、制定课程和决策发展方向，以适应不断变化的社会需求和学科发展。

4. 私有化与合同化

新公共管理在高等教育中也体现为私有化和合同化。一些高校可能通过与企业、非营利组织等签订合同，进行产学研合作，实现资源共享，提高综合竞争力。私有化的手段包括引入私人资本、设立基金会等。

5. 客户导向

客户导向是新公共管理的核心理念之一，高等教育管理中也不例外。高

校应更加注重满足学生、企业等"客户"的需求，提供更贴近市场和社会需求的教育服务。

（二）新公共管理在高等教育中的应用优势

1. 提高办学效益

市场化导向和竞争机制的引入可以激发高校的竞争力，促使其更好地提高办学效益。高校面临竞争的压力，将更注重提升教育质量、拓展研究领域，以吸引更多学生和资源。

2. 激发内在活力

去中心化和灵活性的管理方式有助于激发高校的内在活力。学术界和行政部门更具自主权，能更灵活地制定发展战略，采用适应性更强的管理模式。

3. 促进产学研合作

私有化和合同化的管理方式为高校与产业界、企业等实现更深入的合作提供了机会。通过与外部组织签订合同，高校能更好地将学术研究成果转化为实际应用，促进产学研合作的深度发展。

4. 增强教学与研究的关联性

新公共管理强调结果导向，这有助于增强教学与研究的关联性。高校会更加注重教学过程中的科研实践，提升师生参与科研的积极性，从而促进教学和科研的良性循环。

5. 提升服务质量

客户导向使高校更加关注学生和社会的需求，提高了服务质量。高校会更积极地调整课程设置、改进教学方法，以更好地满足学生的学术和职业需求。

（三）新公共管理在高等教育中的应用挑战

1. 社会责任与公益性的失衡

过度的市场化和商业化可能导致高等教育中社会责任和公益性的失衡。在强调竞争和效益的同时，可能忽视了高校应履行的社会责任，尤其是为社会培养全面发展的人才。

2. 管理过于简化的问题

新公共管理强调结果导向，但在实践中过度注重绩效评估和量化指标可能导致对服务质量和社会影响的过度简化。简化的管理方式难以全面反映高校的复杂性和多元性。

3. 社会不平等的风险

新公共管理可能加剧高等教育中的社会不平等。私有化和市场化机制可能导致高等教育服务不平等的风险，使得一些群体难以获得优质的教育资源。特别是在面对学费上涨、课程收费等问题时，社会较为脆弱的群体可能面临更人的压力，加剧了教育机会的不平等。

4. 管理变革带来的抵触情绪

新公共管理的管理变革可能引发高校内部和外部的抵触情绪。对于传统管理模式习惯的教职员工和行政人员来说，新的市场导向和竞争机制可能引发不适应和抵触，需要克服组织文化冲突。

5. 过度关注短期绩效

在追求效益和绩效的同时，高校可能过度关注短期绩效，而忽视了长期的可持续发展。这可能导致过于急功近利的管理方式，而忽略了高等教育机构在培养人才、推动学科发展等方面的长期责任。

新公共管理在高等教育管理中的应用，既带来了一系列的优势，也面临一些挑战和争议。强调市场化导向、结果导向、去中心化、私有化与合同化，以及客户导向等特征，新公共管理试图通过引入市场机制和私营企业的管理方式，提高高等教育的效率和绩效。

三、公共服务导向下的高等教育体制改革

公共服务导向是一种强调满足公众需求、提高服务质量、弘扬社会责任的理念，逐渐成为高等教育体制改革的重要方向。下面将探讨在公共服务导向下，高等教育体制的改革，包括其核心理念、主要特征、实施策略以及可能面临的挑战与机遇。

（一）公共服务导向的核心理念

1. 满足公众需求

公共服务导向的核心理念之一是满足公众需求。高等教育被视为一种公共服务，其发展应当与社会需求紧密相连。体制改革的目标之一是更好地了解和满足不同社会群体的教育需求，以确保高等教育真正服务社会。

2. 提高服务质量

公共服务导向强调提高服务质量，使高等教育更加符合国家发展需求和社会期望。这包括提升教学水平、加强科研创新、培养更具实践能力的人才，以确保高等教育的质量与效益相匹配。

3. 弘扬社会责任

在公共服务导向的框架下，高等教育被视为承担社会责任的机构。体制改革需要高校更加积极地参与社会服务，解决社会问题，为可持续发展作出更大的贡献。社会责任的弘扬也包括推动社会公正、促进社会和谐。

（二）公共服务导向下的高等教育体制改革特征

1. 灵活的课程设置

在公共服务导向下，高等教育体制改革将更加注重灵活的课程设置。根据社会需求、行业发展趋势和学生兴趣，调整和更新课程内容，以确保毕业生具备符合市场需求的实际技能。

2. 多元化招生机制

体制改革将推动建立更为多元化的招生机制。通过拓宽招生渠道、采用多元化的招生标准，确保高等教育资源能够更加公平地分配，让更多有潜力的学生获得接受高等教育的机会。

3. 强化实践教育

公共服务导向下，实践教育将得到更加强化。高等教育体制改革将倡导将理论与实践更好地结合，加强实习、实训、实践项目等环节，以培养更适应社会实际需求的毕业生。

4. 强调社会影响力

改革将更加强调高校的社会影响力。通过加强社会服务、参与社区发展、解决社会问题等方式，高校能够更好地履行社会责任，实现对社会的积极影响。

5. 建立质量保障体系

公共服务导向下的高等教育体制改革将建立更为完善的质量保障体系。包括建立科学的评估机制、加强教育质量监测与评估，确保高等教育提供的服务质量得到有效监督和提升。

（三）公共服务导向下的高等教育体制改革实施策略

1. 与产业需求对接

为了更好地满足社会需求，高等教育体制改革应与产业需求密切对接。

建立高校与产业界的紧密合作机制，制定符合市场需求的专业设置和培养方案。产业界专业人士的参与和反馈将有助于确保教育内容更加实用，并增强毕业生的就业竞争力。

2. 拓展社会服务

加强高校的社会服务功能，积极参与社区建设、公益项目和社会问题解决。高校可以通过推动科研成果应用、提供咨询服务、组织社会实践活动等方式，为社会创造更多实际价值。

3. 建立有效的质量评估机制

建立科学、客观、全面的质量评估机制，确保对高等教育质量的监督和评价具有公正性和权威性。包括对课程设置、师资力量、学科建设等方面的评估，以提高整体教育水平。

4. 强化师资队伍建设

公共服务导向下，师资队伍的素质和水平将成为体制改革的重要方面。加强对教师的培训、引进高水平人才、建立科学的评价体系，以提升教学质量和研究水平。

5. 推动国际化发展

鼓励高校开展国际合作与交流，引入国际优质教育资源。通过国际化的教育合作，提高高校的国际竞争力，为学生提供更广泛的学术视野和国际化的职业发展机会。

（四）公共服务导向下的高等教育体制改革的挑战与机遇

1. 挑战：社会需求多样性

社会需求的多样性是一个挑战，因为高校需要灵活调整课程设置和专业方向，以满足不同层次、不同领域的需求。这需要高校更灵活的机制和更高效的决策机构。

2. 挑战：资源分配不均衡

在实施公共服务导向的改革中，资源分配可能面临不均衡的问题。一些高校可能更容易获得更多的资源，而一些地区或专业领域可能面临资源匮乏。如何平衡资源的分配将是一个需要解决的难题。

3. 机遇：社会影响力提升

通过加强社会服务和解决社会问题，高校有机会提升自身的社会影响力。高等教育体制改革可以使高校更好地融入社会，为社会发展和进步贡献力量，提升其在社会中的地位。

4. 机遇：培养更全面的人才

公共服务导向下的高等教育体制改革有助于培养更全面、更具实践能力的人才。注重实践教育、社会服务等方面的改革将使毕业生更好地适应社会需求，提升他们的综合素质。

5. 机遇：国际化发展

通过推动国际化发展，高校可以获得更多的国际合作机会，引入更丰富的教育资源。这不仅有助于提升高校的国际声誉，还可以为学生提供更广泛的学术和职业发展机会。

在公共服务导向的理念下，高等教育体制改革旨在更好地满足社会需求，提高服务质量，弘扬社会责任。改革的核心理念包括满足公众需求、提高服务质量和弘扬社会责任。改革的特征体现在灵活的课程设置、多元化招生机制、强化实践教育、强调社会影响力和建立质量保障体系等方面。实施策略包括与产业需求对接、拓展社会服务、建立有效的质量评估机制、强化师资队伍建设以及推动国际化发展。

然而，这一体制改革也面临一系列的挑战，如社会需求的多样性、资源分配不均衡等。同时，改革也为高校带来了机遇，包括提升社会影响力、培养更全面的人才和国际化发展等。在未来的发展中，高等教育机构需要综合考虑各方面的因素，灵活运用体制机制，不断优化管理模式，以更好地服务社会、培养人才、推动社会进步。通过深入推进公共服务导向的高等教育体制改革，可以实现高等教育更加符合社会发展需求，为学生和社会提供更优质的教育服务。

第五节　新时期高等教育发展趋势

一、科技与信息技术在高等教育中的作用

科技与信息技术的飞速发展在当今社会深刻地影响着各行各业，其中高等教育领域也不例外。科技与信息技术的广泛应用为高等教育带来了巨大的变革和创新。下面将探讨科技与信息技术在高等教育中的作用，涵盖了教学、学习、管理等多个方面。

（一）教学方面的作用

1. 在线教育和远程教学

科技与信息技术为高等教育带来了在线教育和远程教学的可能性。通过网络平台、视频会议等工具，学生可以随时随地参与学习，突破了时间和地域的限制，为学生提供更加灵活的学习机会。

2. 虚拟实验室和模拟教学

科技使得虚拟实验室和模拟教学成为可能，学生可以通过计算机模拟实验，进行实际操作的训练，这在一些实验条件受限的领域尤为重要，同时也提高了实验的安全性。

3. 个性化教学

基于大数据和人工智能技术，高等教育机构能够更好地了解每个学生的学习风格、兴趣爱好和学科优势，从而实现个性化的教学计划。这样的个性化教学有助于提高学生的学习效果和参与度。

（二）学习方面的作用

1. 开放式学习资源

科技与信息技术为高等教育提供了丰富的开放式学习资源，包括在线课程、数字图书馆、学术数据库等。学生可以通过互联网获取全球各地的学术信息，丰富了学科知识的来源。

2. 移动学习

移动设备和应用程序的普及使得移动学习成为可能。学生可以通过手机、平板电脑等设备随时随地获取学习资料，进行在线学习，提高学习的便捷性和灵活性。

3. 互动学习平台

科技创新推动了各种互动学习平台的发展，例如在线讨论、协作工具、虚拟社区等。这些平台促进了学生之间、学生与教师之间的互动，拓展了学习的社交维度。

（三）管理方面的作用

1. 学生信息管理系统

学生信息管理系统通过信息技术的支持，实现了学生信息的全面管理，包括学籍信息、课程安排、成绩记录等。这方便了学校对学生的管理，提高了管理效率。

2. 在线评估和考试系统

在线评估和考试系统使得教师能够更加方便地进行学生评估和考试安排。这种系统不仅提高了评估的准确性，还降低了评估的工作量，为学校提供了更为高效的管理手段。

3. 数字化图书馆和资源管理

数字化图书馆和资源管理系统使得图书馆的资源更易于管理和获取。学校可以通过数字化手段更好地管理图书、期刊、研究资料等，为师生提供更丰富的学术资源。

（四）研究与创新方面的作用

1. 科研数据分析与挖掘

科技和信息技术为科研提供了更强大的数据分析和挖掘工具。研究人员可以通过大数据技术，对海量数据进行深入分析，发现潜在规律和新的研究方向，推动科研的创新。

2. 远程国际合作与交流

科技与信息技术加强了高校之间以及学者之间的远程合作与交流。通过视频会议、在线合作平台等工具，研究团队可以在全球范围内进行合作研究，促进国际学术交流与合作。

3. 科学研究管理系统

科学研究管理系统通过信息技术的支持，提供了对科研项目的全面管理，包括项目进度、经费使用、研究成果等。这有助于提高科研项目的执行效率和管理水平。

（五）安全与隐私保护

科技与信息技术在高等教育中的应用也需要注重安全与隐私保护。学校和教育机构需要建立健全的信息安全体系，采取有效的措施保护学生和教师的个人信息，防范网络攻击和数据泄露的风险。

（六）挑战与未来发展方向

1. 数字鸿沟问题

尽管科技与信息技术在高等教育中取得了显著成就，但数字鸿沟问题仍然存在。一些地区和学生群体仍然面临着信息技术获取和利用的不平等问题，需要更多的努力来缩小这一鸿沟。

2. 教育内容与技术的整合

教育内容与技术的整合是一个持续挑战。教育者需要不断更新自己的技术知识，同时将技术融入到教学中，以更好地满足学生的学习需求。这要求教育者具备跨学科的知识和技能。

3. 信息安全与隐私风险

随着信息技术的广泛应用，信息安全与隐私保护面临着严峻的挑战。学校需要加强信息安全管理，制定相关政策和规范，确保学生和教师的个人信息得到充分的保护。

4. 技术发展的不确定性

科技与信息技术的发展速度快，未来的技术变革具有不确定性。高等教育机构需要具备灵活性，随时调整教学和管理策略，以适应科技发展的新趋势。

科技与信息技术在高等教育中的作用不仅体现在教学、学习和管理方面，还对科研和创新起到了推动作用。然而，这一发展也伴随着一系列挑战，如数字鸿沟、整合问题、信息安全风险等。高等教育机构需要在充分利用科技与信息技术的同时，密切关注这些挑战，制定相应的策略和措施，以确保科技的应用更好地服务于教育的发展，促进学生和社会的全面进步。

二、跨学科与终身学习的兴起

跨学科与终身学习作为当代教育领域的两大重要趋势，对于推动知识的整合和个体的全面发展具有深远的影响。下面将探讨跨学科与终身学习的兴起，分析其背后的动因、对教育体系的影响以及未来的发展趋势。

（一）跨学科的概念与动因

1. 跨学科的概念

跨学科强调不同学科之间的融合和协同，超越传统学科的边界，以解决复杂问题、推动创新为目标。它强调整合多学科的方法，使得学科之间能够相互渗透，形成更为综合和全面的知识体系。

2. 动因：复杂问题的出现

随着社会、科技和经济的发展，涌现出许多复杂、交叉性强的问题，传统学科的划分和单一领域的知识已经难以应对这些问题。跨学科的兴起是对于解决这些复杂性问题的需求的回应。

3. 动因：知识的快速更新

在信息时代，知识的更新速度加快，新的领域和概念层出不穷。跨学科不仅有助于更好地整合这些新知识，也为学科之间的互动提供了更广泛的空间。

（二）跨学科的影响与意义

1. 促进创新和发现

跨学科的融合使得不同领域的专业知识相互交叉，有助于创造性思维的激发，促进新的发现和创新的产生。通过汇聚不同领域的专业视角，更容易找到问题的全面解决方案。

2. 提高问题解决的效率

传统学科划分的局限性使得解决某些问题需要从多个学科领域获取信息，而跨学科的方法可以在一个综合的框架下处理问题，提高解决问题的效率。

3. 培养综合素养

跨学科教育有助于培养学生的综合素养，使其具备更为全面的知识结构和批判性思维能力。学生在跨学科的学习中能够更好地理解问题的复杂性，培养独立思考和团队合作的能力。

（三）终身学习的概念与动因

1. 终身学习的概念

终身学习强调个体在整个生命周期内不断获取、更新和应用知识与技能的过程。它跳出了传统学历教育的框架，强调学习是一个贯穿整个生命的过程。

2. 动因：科技与职业发展的快速变化

科技的快速发展和职业领域的变化要求个体具备不断适应新技能和知识的能力。终身学习成为了应对这一挑战的关键策略，以保持职业竞争力。

3. 动因：个体自我实现的需求

随着社会的发展，个体对于自我实现和全面发展的需求逐渐凸显。终身学习提供了一个不断拓展知识边界、实现个人成长的途径，满足了个体追求更高质量生活的愿望。

（四）终身学习的影响与意义

1. 促进职业发展与转型

终身学习使得个体更容易适应职业领域的快速变化，促进职业发展与转型。通过不断更新技能和知识，个体能够更好地适应职场的要求，保持竞争力。

2. 提高社会创新能力

终身学习的普及有助于提高整个社会的创新能力。个体通过不断学习和思考，能够更好地参与到社会创新的过程中，推动社会的科技、文化和经济发展。

3. 拓宽人生视野

终身学习使得个体能够在不同领域获取知识，拓展人生视野。这有助于个体更全面地理解社会、人类文明和自身的定位，培养更为宽广的人文素养。

（五）跨学科与终身学习的融合

1. 跨学科学习为终身学习提供平台

跨学科学习为终身学习提供了丰富的平台。在跨学科的框架下，个体可以更好地整合来自不同领域的知识，实现对终身学习的需求。通过在跨学科的环境中学习，个体可以更灵活地适应各种领域的新知识和新技能，实现更全面的终身学习目标。

2. 跨学科与终身学习的相互促进

跨学科与终身学习之间存在相互促进的关系。终身学习强调不断更新和获取知识，而跨学科学习提供了一种更全面、更综合的学习路径。个体在终身学习过程中通过跨学科的学习方式，不仅能够提高学科专业素养，还能够更好地适应复杂多变的知识环境。

3. 终身学习培养跨学科思维

终身学习的理念有助于培养个体的跨学科思维。随着个体不断面对新的知识领域，需要跨足不同的学科，培养出具备多学科视角的综合性思考方式。这对于解决现实世界中的综合性问题至关重要。

（六）面临的挑战与未来发展趋势

1. 跨学科学习中的学科壁垒

在跨学科学习中，学科壁垒仍然是一个挑战。不同学科之间的理论框架、研究方法等存在差异，个体需要具备足够的学科知识和交叉学科的能力，才能更好地进行跨学科学习。

2. 终身学习的社会支持

尽管终身学习理念逐渐深入人心，但社会对于终身学习的支持体系仍然需要进一步完善。包括政府、企业和教育机构在内，需要共同努力，提供更多的学习资源和培训机会，促进终身学习的全面发展。

3. 数字化工具的不断更新

随着科技的不断发展，数字化工具也在不断更新。个体需要不断适应和学习新的数字化工具，这对于一些非数字原住民来说可能是一种挑战。因此，数字素养的提升仍然是一个需要关注的方向。

4. 社会对综合素养的认可

跨学科与终身学习所培养的综合素养需要得到社会的认可。社会对于综合素养的认可程度直接关系到这种学习方式的可持续发展。需要加强对于跨学科与终身学习的理念和实践的宣传，提高社会对其价值的认知。

跨学科与终身学习的兴起为教育体系带来了深刻的变革，推动了知识的整合和个体的全面发展。跨学科学习通过整合不同学科的知识，促进了创新和发现；而终身学习则使得个体能够在整个生命周期内不断适应新的知识和技能。这两者相互融合，形成了更为全面、灵活的学习模式。

三、社会需求与高等教育专业设置的调整

高等教育专业设置的调整与社会需求息息相关，直接关系到高等教育的

质量与效益。社会的快速变革，科技的不断发展，以及经济结构的调整都对高等教育的专业设置提出了新的挑战和要求。下面将深入探讨社会需求与高等教育专业设置的关系，分析专业设置的调整对社会、学生和教育机构的影响。

（一）社会需求的变迁与高等教育专业设置的挑战

1. 快速变革的社会需求

当今社会正经历着快速变革，科技、经济、文化等领域都在不断演进。新兴产业、新型职业层出不穷，社会对于人才的需求也在不断调整。传统的专业设置可能无法完全满足这些新兴领域的需求，需要对专业进行调整与更新。

2. 产业结构的调整与新兴职业的崛起

随着产业结构的调整，一些传统行业可能出现就业减少的趋势，而新兴产业和职业则日益崭露头角。高等教育需要根据新的就业趋势，调整专业设置，培养适应未来社会需求的人才。

3. 全球化与国际竞争的压力

全球化的发展使得国际竞争更加激烈。社会对于具备国际视野、跨文化沟通能力的人才需求日益增加。因此，高等教育需要调整专业设置，培养具有全球竞争力的专业人才。

（二）高等教育专业设置的调整原则

1. 灵活性与适应性

高等教育专业设置的调整应具备灵活性与适应性，能够随时根据社会需求和就业市场的变化做出调整。专业设置不宜过于僵化，而应具备适应未来发展的弹性。

2. 跨学科与综合性

考虑到社会需求的多样性，高等教育的专业设置需要更加跨学科和综合。一些新兴职业可能涉及多个学科领域，因此培养跨领域的专业人才尤为重要。

3. 就业导向与市场需求

高等教育的专业设置应更加注重就业导向，紧密结合市场需求。学校需要更深入地了解各个行业的用人需求，调整专业方向，确保毕业生更容易融入社会。

（三）调整对学生的影响

1. 拓宽就业渠道

调整专业设置有助于拓宽学生的就业渠道。新兴产业的发展可能带来新的职业机会，而调整专业设置可以使学生更好地适应这些新兴领域的需求，提高就业机会。

2. 提高综合素养

调整专业设置通常需要学生在多个方面接受培训，这有助于提高学生的综合素养。不仅局限于专业知识，还包括创新能力、团队协作能力等，使学生更全面地发展。

3. 增强个体职业适应性

由于社会需求的变迁，学生在接受新的专业设置时，需要具备更强的职业适应性。这种适应性包括对新兴职业的理解和适应，以及对未来职业市场的预测能力，使个体更具竞争力。

（四）调整对教育机构的影响

1. 提高办学质量

通过调整专业设置，教育机构可以更好地适应社会需求，提高办学质量。

专业设置与社会需求紧密对接，有助于培养更符合市场需求的优秀毕业生，提升教育机构的声誉和影响力。

2. 促进科研与实践结合

专业设置的调整也将促进科研与实践的结合。与新兴行业的发展相结合，教育机构可以更紧密地与产业界进行合作，推动科研成果更快地转化为实际生产力，实现产学研紧密结合。

3. 加强国际合作与交流

调整专业设置有助于加强国际合作与交流。随着全球化的推进，各国的社会需求存在一定的共性，通过与国外教育机构的合作，可以更好地理解国际社会对人才的需求，为学生提供更广阔的发展机会。

（五）社会需求与高等教育专业设置的平衡

1. 灵活机制的建立

为了平衡社会需求和高等教育专业设置，需要建立灵活的机制。这包括建立快速反应的调整机制，使专业设置更具适应性，能够及时满足社会需求的变化。

2. 产学研结合的深化

深化产学研结合是平衡社会需求与高等教育专业设置的有效途径。通过与产业的深度合作，教育机构能更好地了解产业的发展趋势，调整专业设置以培养更符合实际用人需求的专业人才。

3. 综合素养的强化

强化综合素养是平衡的关键。不仅仅关注专业技能，还要注重学生的综合素养，培养学生的创新思维、团队协作能力、跨文化沟通等综合素质，使其更具备应对未来不确定性的能力。

（六）未来发展趋势

1. 数字化、信息技术相关专业的崛起

随着数字化和信息技术的飞速发展，相关专业的需求将持续增长。未来，计算机科学、人工智能、数据科学等专业将更受社会瞩目，因为它们与数字经济和智能化社会的发展密切相关。

2. 全球化视野的培养

未来社会对具有全球化视野的人才需求将不断增加。因此，国际关系、国际商务、跨文化管理等专业将更受重视，高等教育需要通过专业设置来培养具有全球竞争力的人才。

3. 可持续发展与环保专业的兴起

随着全球可持续发展意识的提高，相关专业的需求也将增加。环境科学、可持续发展管理等专业将成为未来社会关注的热点领域，高等教育需要调整专业设置，培养具备可持续发展意识的专业人才。

高等教育专业设置的调整与社会需求的变迁密切相关，反映了教育体系对于培养适应社会发展的人才的追求。通过平衡灵活性、综合性和社会需求，高等教育机构能够更好地适应时代的变革，为学生提供更全面、更符合社会需求的教育。未来，专业设置的调整将继续受到社会发展的影响，促使高等教育与时俱进，为社会培养更具竞争力的人才。

第二章　高等教育管理理论

第一节　高等教育管理的基本概念

一、高等教育管理的定义与内涵

高等教育是社会进步和人才培养的关键领域，而高等教育管理作为支撑和推动这一系统的关键要素，承担着组织、协调、规划和监督等重要职责。下面将深入探讨高等教育管理的定义与内涵，旨在全面理解这一领域的核心概念和关键特征。

（一）高等教育管理的基本概念

1. 高等教育管理的定义

高等教育管理是指对高等教育机构及其资源、人力、财务等进行计划、组织、领导、协调和控制的过程。它旨在通过科学的管理手段，提高高等教育机构的运行效率，保障教育质量，实现教育目标，适应社会需求。

2. 高等教育管理的范围

高等教育管理的范围涵盖了整个高等教育体系，包括大学、学院、研究机构等各类高等教育机构。同时，它还涉及与高等教育相关的政策制定、人才培养、质量评估、校园文化建设等多个方面。

3. 高等教育管理的目标

高等教育管理的目标主要包括提高教育质量、促进学术研究、培养高素质人才、保障师生权益、实现资源有效配置等方面。通过科学的管理手段，使高等教育机构更好地履行其教育使命。

（二）高等教育管理的核心职能

1. 计划与规划

高等教育管理的第一步是进行全面的计划与规划。这涉及机构的长远发展目标、年度工作计划、教学科研计划、人力资源规划等方面。通过科学合理的规划，能够为高校提供明确的发展方向和行动指南。

2. 组织与领导

组织与领导是高等教育管理的核心职能之一。它包括建立合理的组织结构、确定职责与权限、激励与考核机制等方面。领导者需要具备良好的领导能力，引领机构向着既定目标稳步前进。

3. 协调与合作

高等教育机构内部存在众多的利益相关者，包括教职员工、学生、行政人员等。协调与合作是管理者必须具备的能力，通过协调各方利益关系，保障机构的和谐运行。

4. 控制与评估

为了确保高等教育机构的正常运行，高等教育管理需要建立起一套科学的控制与评估体系。这包括对财务状况、教学质量、学术研究水平等方面进行定期的监测与评估，及时发现问题并采取措施予以改进。

（三）高等教育管理的关键特征

1. 民主性与参与性

在现代高等教育管理中，强调民主性与参与性是一种明显的趋势。管理者需要与师生形成紧密互动，广泛听取各方意见，建立起一种共同参与、共同决策的管理模式。

2. 创新性与适应性

由于社会在不断变革，高等教育管理需要具备创新性与适应性。创新性体现在管理模式、教育理念、科研方向等多个方面，以适应社会发展的新需求。管理者需要不断寻求创新方法，引领高校适应时代潮流。

3. 公正与公平

高等教育管理必须注重公正与公平。在招生、评奖、晋升等方面，都应当建立公正的制度和程序，确保每个师生都能够在公平的环境中发挥潜力，得到应有的待遇。

4. 质量导向

高等教育管理的核心目标之一是提高教育质量。因此，管理者需要时刻关注教学与科研质量，通过优化教育资源配置、加强师资队伍建设等手段，实现教育质量的不断提升。

5. 国际化

随着全球化的深入，高等教育机构的国际化也成为一项关键特征。国际化要求高校在招生、师资队伍、学术研究等方面具备国际竞争力，积极参与国际学术交流与合作。

（四）高等教育管理的挑战与应对策略

1. 资源配置与利益平衡

高等教育机构面临着有限的资源，如何进行合理配置，实现资源的最大效益，是管理者面临的首要挑战。在此背景下，需要建立科学的资源管理机制，平衡各方的利益，确保资源的公平分配。

2. 人才队伍建设与激励机制

高等教育管理的成功与否，关键取决于拥有一支优秀的人才队伍。但是，吸引、培养和留住优秀人才并不容易。管理者需要建立激励机制，提供良好的职业发展环境，以激发人才的工作热情和创造力。

3. 教育质量保障

随着高校规模的扩大，如何保障教育质量成为一项重要挑战。管理者需要通过建立科学的教育评估体系，提高教育质量监控的精准度，确保每位学生都能够获得高质量的教育。

4. 社会责任与社会形象

高等教育机构作为社会的重要组成部分，其社会责任和社会形象至关重要。管理者需要在坚持高等教育的学术追求的同时，注重对社会的回馈，提升高校在社会中的形象。

5. 技术与信息化应用

管理者需要积极应对科技与信息化带来的挑战。通过引入先进的教育技术、信息管理系统等手段，提高教学效果、提升管理效率，使高等教育机构更好地适应数字化时代的发展。

（五）高等教育管理的未来发展趋势

1. 数据驱动决策

未来高等教育管理将更加注重数据的收集和分析。数据驱动决策可以帮助管理者更全面地了解教育机构的运行状况，及时调整战略方向，提高管理决策的科学性和准确性。

2. 创新管理模式

随着社会的不断变革，高等教育管理需要更加创新。未来的管理模式可能更加灵活，更注重参与性管理，强调团队协作，推动高等教育机构朝着更加创新的方向发展。

3. 国际化发展

未来高等教育将更加注重国际化。这包括引入国际化的教学内容、吸引国际学生、加强国际学术合作等方面。国际化发展有助于提高高等教育机构的国际声誉和竞争力。

4. 社会责任与可持续发展

高等教育管理将更加关注社会责任和可持续发展。高校需要通过教育、科研、社区服务等方面的工作，为社会做出更多贡献，推动高等教育机构可持续健康发展。

高等教育管理作为高校运行的核心，其定义与内涵体现了对于高等教育机构的全面管理与领导。在不断变革的社会背景下，高等教育管理面临着多方面的挑战，需要不断调整管理策略，适应时代发展的需求。未来，高等教育管理将走向数据驱动、创新发展、国际化合作的新阶段。管理者需要不断提升自身的管理水平，适应高校发展的新趋势，推动机构在全球范围内更具竞争力地发展。

高等教育管理的未来发展趋势表明，要在全球激烈的竞争中保持竞争力，高校管理需要不断创新、适应科技发展，同时积极响应社会需求和国际化趋势。在这个过程中，管理者应着眼于整个教育生态系统，实现资源的优化配置、促进全员参与、推动科技与信息技术的创新应用，以及强调社会责任与可持续发展。

总体而言，高等教育管理是一个复杂而严峻的任务，需要管理者具备全球视野、创新意识和卓越的领导力。通过不断学习、更新管理理念，高等教育管理者能够更好地应对未来的挑战，推动高等教育事业迈向新的高度。同时，社会、政府和教育机构也应共同努力，提供支持和机会，为高等教育管理的创新与发展提供更为有利的环境。

二、高等教育管理的发展历程

高等教育管理是一个与时代和社会背景息息相关的领域，其发展历程受到社会变迁、教育理念变革和科技进步等多重因素的影响。下面将回顾高等教育管理的发展历程，从传统管理到现代管理，阐述其演变过程、主要特点和取得的成就。

（一）传统管理时期

1. 起源与初期阶段

高等教育管理的发展可以追溯到古代文明，尤其是古希腊和古罗马时期。古代学院和学府的存在，标志着对学术事务的初步组织与管理。在中国，古代的学宫和书院也体现了对教育组织的一定管理。

2. 教会和王权的影响

中世纪时期，教会对欧洲高等教育的管理发挥着重要作用。大学的创立和运营由教会主导，学术活动受到宗教和神学的支配。同时，国家王权也开始介入，试图通过法令和权力干预学术事务。

（二）近代管理时期

1. 大学自治的崛起

17 世纪末至 18 世纪初，欧洲大学出现了大学自治的趋势。大学开始形成自己的行政结构和规章制度，逐渐摆脱了教会和国家的过多干预，实现了一定程度上的自主管理。

2. 工业化与专业化的影响

19 世纪末至 20 世纪初，工业革命的影响使得大学管理面临新的挑战。大学管理需要更加注重效率、规模扩大，同时专业化的趋势也催生了学科的细分和专业管理的需求。

（三）现代管理时期

1. 科技与信息技术的融入

20 世纪后半叶，科技和信息技术的飞速发展深刻影响了高等教育管理。计算机技术的应用使得大学管理更加高效，信息系统的建立提升了数据管理和决策的水平，推动了管理手段的现代化。

2. 大学管理体制的改革

许多国家在 20 世纪末至 21 世纪初进行了高等教育管理体制的改革。市场经济的发展推动了高校治理结构的转型，学校管理逐渐趋向企业化，注重市场竞争，强调效益和资源的优化配置。

3. 全球化与国际合作

全球化是当代高等教育管理的重要背景之一。国际合作与交流变得更加频繁，大学管理需要更具国际化视野，参与全球学术体系，吸引国际学生和优秀学者，拓展国际研究合作。

（四）高等教育管理的主要特点

1. 学科的多元化与综合性

现代高等教育管理面临着学科的多元化趋势。管理者需要在经济学、教育学、心理学等多个学科领域获得丰富的知识，实现对复杂组织的全面管理。

2. 大学治理的多元化

大学治理不再是单一的权威决策，而是多元化的治理体系。学术委员会、行政机构、校董事会等多个组织形式相互协调，形成了一个相对平衡的治理模式。

3. 数据驱动与智能化管理

现代高等教育管理越来越注重数据的收集、分析与应用。大数据技术的应用使得决策更加科学化，管理者可以更准确地了解学校运行情况，进行精细化管理。

4. 国际化与全球视野

全球化的发展使得高等教育管理需要具备更为国际化的视野。国际交流、合作与竞争成为常态，管理者需要了解全球高等教育的发展趋势，积极参与国际化建设。

高等教育管理的发展历程反映了教育体系对社会变迁和时代需求的不断适应与演进。从传统管理到现代管理，高等教育管理经历了多个时期的发展，取得了丰硕的成果。未来，随着社会的不断发展和高等教育的不断创新，高等教育管理将继续面临新的挑战和机遇。管理者需要不断学习、适应变化，推动高等教育体系朝着更高水平和更全面发展。

第二节 高等教育管理的特点

一、学科复杂性与交叉性

学科复杂性和交叉性是当代学科体系中的两个显著特征，反映了知识的广度和深度，同时也呼应了不同领域之间的相互联系。学科复杂性指的是一个学科内涵盖的广泛主题和复杂概念，而交叉性则强调不同学科之间的交融与合作。下面将深入探讨学科复杂性与交叉性，分析其产生的原因、对学术研究和教育的影响，以及未来发展的趋势。

（一）学科复杂性的产生原因

1. 知识爆炸与专业分化

随着科技和信息技术的飞速发展，知识的爆炸性增长导致了学科的细分和专业分化。新的研究领域和专业不断涌现，使得每个学科内部都包含了越来越丰富和庞大的知识体系，从而增加了学科的复杂性。

2. 多元文化与全球化

全球化和多元文化的交流使得不同文化和社会背景的思想和观点相互融合。这种多元性导致学科内部的观念和理论更加复杂，同时也促进了学科之间的互动和交流，形成了跨学科的研究趋势。

3. 技术创新的推动

技术的不断创新不仅为新学科的涌现提供了基础，也推动了现有学科的发展。跨学科的技术应用促成了学科之间的互动，同时也为学科复杂性的增加提供了动力。

（二）学科复杂性的影响

1. 知识深度与专业化

学科复杂性使得各个学科在自身范畴内变得更为专业化和深度化。研究者需要更深入地理解和探索学科内的具体问题，这有助于推动学科内的理论和实践的发展。

2. 跨学科研究的兴起

学科复杂性同时也促进了跨学科研究的兴起。面对跨学科的复杂问题，研究者需要借鉴不同学科的理论和方法，形成更全面、多角度的研究视角。这有助于创造性地解决一些复杂性问题。

3. 教育体系的调整

学科复杂性对教育体系提出了新的挑战。传统的学科设置和教育模式可能不再适应当代社会的需求。教育机构需要调整课程设置，提供更为综合和交叉的学科组合，以培养更具有综合素养的人才。

（三）学科交叉性的产生原因

1. 复杂问题的挑战

面对当代社会和科技发展带来的复杂问题，单一学科的知识和方法往往难以解决。因此，学者们倾向于跨学科合作，共同应对更具挑战性的问题，形成学科之间的交义性。

2. 新兴领域的涌现

随着科技创新和社会变革，新的研究领域不断涌现，这些领域往往涉及多个学科。为了更好地探索和理解这些新兴领域，学者们需要跨足多个学科，形成学科交叉。

3. 跨界合作的需求

在科技、医学、环境等领域，需要多学科的协同合作来解决现实问题。学科交叉不仅仅是学术需求，更是社会需求。

（四）学科交叉性的影响

1. 综合思维与创新能力

学科交叉性有助于培养综合思维和创新能力。涉足多个学科的研究者更容易形成全局观，从不同角度思考问题，推动知识的创新和发展。

2. 跨学科研究的贡献

学科交叉性推动了跨学科研究的发展，使得研究更加全面和深入。跨学科的研究团队能够整合不同领域的专业知识，为解决复杂问题提供更为有效的方案。

3. 教育改革的推动

学科交叉性也对教育体系产生了积极的影响。学术界对于跨学科教育的需求推动了教育体系的改革，引入更为灵活和开放的学科组合，培养学生具备跨学科思维的能力。

（五）学科复杂性与交叉性的未来发展趋势

1. 大数据与人工智能的应用

未来，随着大数据和人工智能技术的不断发展，学科复杂性和交叉性将进一步增强。大数据的处理能力和人工智能的算法应用将使得研究者能够更加深入地挖掘不同学科之间的关联，推动知识的交叉和创新。

2. 跨学科研究的深入

未来的学科交叉将更加深入，涵盖更多的领域。随着科学和技术的发展，新的学科边界将不断拓展，需要更多跨学科的研究来应对这些新兴领域的挑战。

3. 跨学科教育的强化

教育体系将更加强化跨学科教育，培养学生具备更全面素养和多学科思维的能力。学科交叉性的强化将推动教育模式的创新，培养更具创造力和适应性的人才。

4. 国际合作的加深

随着全球化的深入，国际合作将成为推动学科复杂性和交叉性发展的关键力量。各国学者之间的合作将促进知识的交流和学科的融合，形成更加广泛的国际学术共同体。

学科复杂性和交叉性是当代学术研究和教育的显著特征，反映了知识的蓬勃发展和学科之间相互渗透的趋势。复杂性和交叉性不仅影响了学术界的研究方式和思维模式，也对教育体系和人才培养提出了新的挑战。在未来，科技的不断创新和全球化的加深将进一步推动学科复杂性和交叉性的发展，为解决世界面临的复杂问题提供更为综合和创新的解决方案。

二、知识密集性与专业性

知识密集性与专业性是当代学科体系中的两个重要特征，直接关系到知识的深度和广度，以及学科内的专业化程度。下面将深入探讨知识密集性与专业性的概念、产生原因、相互关系以及对学术研究和教育的影响，旨在全面理解这两个学科特征在知识社会中的重要性与发展趋势。

（一）知识密集性的概念与特征

1. 知识密集性的定义

知识密集性指的是在一个领域或学科中所包含的知识量极大，而且知识之间相互关联、相互渗透的特征。这种密集性主要体现在领域内知识的复杂性和深度上。

2. 知识密集性的特征

知识广度：涵盖了大量的知识领域，包括基础知识和前沿知识。

知识深度：对领域内某一方面的知识有着深入的了解和研究。

知识交叉：不同领域之间存在相互关联，形成了知识的交叉与融合。

知识更新：随着科技和社会的发展，知识密集领域的知识不断更新迭代。

（二）专业性的概念与特征

1. 专业性的定义

专业性是指在某一领域内，个体或组织具备深入钻研、掌握高度专业知识和技能的特征。具有专业性的个体或组织通常能够对领域内的问题提供高水平的解决方案。

2. 专业性的特征

专业知识：具备领域内深厚的专业知识，能够理解和掌握领域内的理论和实践。

专业技能：具备一定的实际应用能力，能够在实践中运用专业知识解决问题。

专业道德：遵循领域内的专业道德规范，保持专业行为的操守。

持续学习：不断更新和深化专业知识，适应领域内的变化。

（三）知识密集性与专业性的产生原因

1. 科技进步和知识爆炸

科技的迅猛发展和知识的爆炸性增长是知识密集性和专业性增强的主要原因。新的科技成果和知识不断涌现，使得学科体系更为庞大和复杂。

2. 社会分工和专业化需求

随着社会的发展，对各类问题的解决需要更为专业化的知识和技能。社会分工的深化推动了各个领域内的专业性的形成。

3. 跨学科研究的兴起

跨学科研究的兴起促进了不同领域之间知识的交流与整合，使得知识密集性和专业性在交叉领域中相互渗透。

（四）知识密集性与专业性的关系

1. 相辅相成

知识密集性和专业性在某种程度上是相辅相成的。知识密集性提供了广泛的知识基础，为形成专业性奠定了基础；而专业性则深化了对知识的理解，使之更具实践应用价值。

2. 相互促进

知识密集性与专业性相互促进，形成一种良性循环。知识密集领域的不断深化推动了专业性的提升，而具有高度专业性的个体或组织也会在该领域内推动知识的不断发展。

（五）对学术研究的影响

1. 学科的发展与创新

知识密集性推动了学科的深度发展，而专业性则为学科内的创新提供了有力支持。在具有高度知识密集性和专业性的领域，学者更容易发现并解决新的研究问题，推动学科的前沿。

2. 跨学科研究的崛起

知识密集领域和专业性强的学科往往成为跨学科研究的热点。具有深厚专业知识的研究者更容易在不同领域间搭建桥梁，促进跨学科研究的开展。

（六）对教育的影响

1. 专业化教育的加强及跨学科教育的发展

随着知识密集性和专业性的提升，教育体系也呈现出相应的变化。一方面，针对特定领域的专业化教育更加强调培养学生深厚的专业知识和技能；

另一方面，跨学科教育得到推动，培养具有多学科视角的复合型人才。

2. 实践能力的培养

知识密集性和专业性的提升对于学生的实践能力要求更高。教育体系需要更多地注重实际操作、实践项目，使学生在专业领域中具备独立思考和解决问题的实际能力。

（七）未来发展趋势

1. 技术创新对知识密集性的推动

未来，随着技术创新的不断推进，知识密集性将进一步增强。新兴技术领域的不断涌现将为学科体系增添新的知识元素，提高学科的知识密集程度。

2. 跨学科研究的深入

随着社会问题的复杂性增加，未来跨学科研究将更加深入。知识密集性和专业性的结合将为跨学科研究提供更为坚实的基础，推动不同领域的知识交融与创新。

3. 教育模式的创新

未来教育体系将面临更大的创新压力。知识密集性和专业性的提升要求教育模式更加灵活，注重培养学生的跨学科思维和实际应用能力。

知识密集性和专业性是当代学科体系中两个相辅相成、相互促进的重要特征。两者相互交融，共同推动着学术研究和教育的发展。未来，随着科技的发展和社会需求的变化，知识密集性和专业性将在更大程度上影响学科体系的演进，为知识社会的不断进步提供动力。

三、学术自主性与管理规范性

学术自主性和管理规范性是当代高等教育领域两个重要而相互关联的

概念。学术自主性强调学术领域内的自由探索和创新，而管理规范性则强调对教育机构进行有效管理的规范和标准。这两者之间的平衡关系对于高等教育的健康发展至关重要。下面将深入探讨学术自主性和管理规范性的概念、特征、相互关系，以及对高等教育的影响。

（一）学术自主性的概念与特征

1. 学术自主性的定义

学术自主性是指在学术研究和教学中，教育机构、教职员工和学生在学科领域内享有一定的独立自由，能够自主选择研究方向、教学方法，并在学术活动中表达独立见解的能力和权利。

2. 学术自主性的特征

学术研究自由：学者有权选择研究方向、开展独立研究，不受外部压力和干预。

教学创新自由：教育机构和教职员工有权尝试新的教学方法和策略，追求更好的教育效果。

学术评价独立：学者的学术成就应该由同行评价，而非受到行政干预。

研究成果自由传播：学者有权将研究成果公开发表，分享给学术界和社会大众。

（二）管理规范性的概念与特征

1. 管理规范性的定义

管理规范性是指对教育机构进行规范化和标准化管理的理念和实践。它包括对机构内部组织、资源配置、人事管理等方面的规范和标准，旨在保障教育机构的有效运行和发展。

2. 管理规范性的特征

组织结构规范：教育机构应设立清晰的组织结构，明确权责关系。

资源配置标准：合理分配、有效利用教育资源，确保教育质量。

人事管理规范：建立科学的人事管理体系，选拔、培养、激励人才。

财务透明度：教育机构的财务管理应公开透明，接受社会监督。

（三）学术自主性与管理规范性的相互关系

1. 平衡与协调

学术自主性与管理规范性之间需要实现平衡与协调。过分强调管理规范性可能导致对学术自主性的过度限制，而过分追求学术自主性则可能使机构无法有效运行。

2. 共同目标

学术自主性和管理规范性的共同目标是提升教育质量和学术水平。一个规范而有序的管理体系有助于为学者提供稳定的工作环境，激发创新研究和教学的积极性。而在有了良好的管理规范性基础上，学术自主性能够更好地发挥作用，为教育机构注入更多创新和独特的元素。

3. 教育机构特色

学术自主性和管理规范性的平衡也关乎到教育机构的特色发展。一方面，学术自主性能够推动教育机构形成独特的学术特色，提升其在特定领域的竞争力；另一方面，合理的管理规范性能够确保学术自主性不至于演变为混乱和无序。

4. 学术自由与社会责任

学术自主性不是无限的自由，应当在社会责任的框架下实现。管理规范性的设立有助于引导学术自主性走向更有利于社会、更符合伦理道德的方向，确保学术研究和教学的成果符合社会的期望和需求。

（四）对高等教育的影响

1. 教育质量提升

合理的管理规范性有助于提高教育机构的运行效率，从而为学术研究和教学提供更好的支持。在规范的框架内，学术自主性得以更好地发挥，促进创新和提升教育质量。

2. 人才培养和科研创新

学术自主性为教育机构提供了更多培养独立思考和具有创新精神的人才的机会。在合理的管理规范性下，人才培养和科研创新得以在秩序井然的环境中进行，更有利于取得成果。

3. 社会服务与责任

管理规范性的建立能够引导教育机构更加注重社会服务和责任。学术自主性在服务社会的同时，也应当遵循一定的规范，以确保其服务的有效性和合法性。

（五）面临的挑战和未来发展趋势

1. 挑战

权责平衡：如何在维护学术自主性的同时保持管理规范性，实现权责平衡，是一个重要的挑战。

社会认知：有时学术自主性可能会受到社会的误解或质疑，需要更好地传达其积极作用。

全球化压力：面对全球化的挑战，教育机构需要在管理规范性和学术自主性上找到更好的平衡，以适应国际化的发展趋势。

2. 未来发展趋势

智能化管理：随着信息技术的发展，智能化管理将成为未来的趋势，为教育机构提供更高效的管理手段，释放更多学术自主性。

国际化合作：教育机构将更加注重国际化合作，吸纳不同文化和思想，形成更有活力的学术社群。

终身学习：学术自主性和管理规范性将更加注重终身学习的理念，为教育机构和个体提供更广阔的发展空间。

学术自主性和管理规范性作为高等教育领域两个关键概念，共同塑造着教育机构的发展轨迹。在实现这两者的平衡与协调中，教育机构能够更好地发挥创新和规范的优势，为社会培养更多有独立思考力、具有创造力和责任感的人才。在未来，通过适应全球化、智能化以及不断强调终身学习的趋势，学术自主性和管理规范性将不断演化，为高等教育带来更加丰富和多样的发展机遇。

第三节　高等教育管理的本质属性

一、学术价值与社会价值的平衡

学术价值与社会价值的平衡是当代高等教育领域面临的一项重要挑战。学术价值强调学术研究和知识的追求，而社会价值注重教育对社会的贡献和服务。这两者之间的关系既存在合作共赢的可能性，也伴随着矛盾和挑战。下面将深入探讨学术价值和社会价值的概念、特征、相互关系，以及对高等教育的影响。

（一）学术价值的概念与特征

1. 学术价值的定义

学术价值是指在高等教育领域中，对于学术研究和知识本身的追求，以及对学科内新知识的贡献和创新。这包括学术成就、研究发现、理论建构等方面的价值。

2. 学术价值的特征

知识创新：通过独立思考和研究，为学科领域带来新的认识和观点。

学术声望：以高质量的学术成果提升个体和机构在学术界的声望。

学科发展：通过推动学科内的研究和理论发展，为学术社群提供新的思路和方法。

（二）社会价值的概念与特征

1. 社会价值的定义

社会价值是指高等教育对社会的贡献和服务，包括培养人才、解决社会问题、推动社会进步等方面的价值。社会价值强调教育的实际应用和对社会的积极影响。

2. 社会价值的特征

人才培养：通过教育培养具有实际能力和社会责任感的人才。

社会服务：通过研究和实践解决社会问题，提供社会服务。

文化传承：通过教育传承文化遗产，维护社会文明的发展。

（三）学术价值与社会价值的相互关系

1. 互为基础

学术价值与社会价值是相互依存的关系。学术价值为社会价值提供了理论和方法的基础，而社会价值则为学术研究提供了实际应用和社会反馈的平台。

2. 相互促进

学术成果的应用为社会创新和进步提供了动力，而社会需求也推动了学术研究关注更实际、更紧迫的问题。这种相互促进的关系有助于形成具有深度和广度的知识体系。

3. 冲突与平衡

然而，学术价值与社会价值之间也可能存在冲突。在一些情况下，学者可能面临追求学术创新和理论完整性与满足社会需求之间的困境。平衡这两者之间的关系成为关键问题。

（四）影响高等教育的因素

1. 教育体制

教育体制的不同对学术价值和社会价值的平衡产生影响。一些体制可能更强调学术研究，而另一些可能更注重培养实用人才。

2. 社会需求

社会需求的变化对高等教育的方向和重点产生重要影响。紧跟社会发展需求，调整教育目标和内容，使教育更好地服务社会。

3. 资源分配

教育机构的资源分配也直接关系到学术价值和社会价值的实现。合理的资源配置可以促进学术创新和社会服务的双赢。

（五）对高等教育的影响

1. 教育目标

学术价值与社会价值的平衡影响着教育机构的设定目标。高等教育的目标不仅包括培养具有学术深度的专业人才，还包括培养具有实际能力的社会人才。

2. 教学内容

平衡学术价值与社会价值也将影响到教学内容的设计。除了传授专业知识外，教学内容还需注重培养学生实践能力、团队协作能力以及解决实际问题的能力，以更好地满足社会的需要。

3. 科研方向

在科研方向的选择上，学者可能会面临权衡的问题。他们需要在追求学术创新的同时，考虑到研究成果对社会的影响，使科研既有学术价值又具备社会价值。

4. 教育体系

平衡学术价值与社会价值的追求也将深刻影响整个教育体系的运作。教育体系需要既保障学术自由和创新，又能够贴近社会实际、服务社会。

（六）面临的挑战和未来发展趋势

1. 挑战

短期与长期目标的冲突：有时学术研究的短期成果与社会价值的长期需求之间存在冲突，需要找到平衡点。

评价体系的不足：现行的评价体系可能更注重学术成就，而较少考虑实际社会影响，需要调整评价指标。

资源有限：教育机构面临有限的资源，如何在学术研究和社会服务之间分配资源，是一个持续的挑战。

2. 未来发展趋势

跨学科研究的加强：未来的高等教育将更加注重跨学科的研究，以更好地应对复杂的社会问题。

社会参与的提升：教育机构将更加强调学生的社会参与，通过实际项目和社区服务，培养学生的实际能力。

全球合作：随着全球化的深入，高等教育将更加开放，加强国际合作，为全球社会提供更多价值。

学术价值与社会价值的平衡是高等教育领域面临的一项持续挑战。尽管存在一些矛盾和冲突，但它们之间的关系是相辅相成、互为基础的。教育机构需要在实践中找到平衡点，通过培养具有学术深度和社会责任感的人才，为社会的可持续发展和进步做出贡献。未来，高等教育将更加注重跨学科研究、社会参与和全球合作，以适应日益复杂和多变的社会需求。只有在学术价值与社会价值的平衡中，高等教育才能更好地实现其使命与责任。

二、教育使命与人才培养责任

教育机构的教育使命和人才培养责任是其存在的核心目标，直接关系到社会的发展、个体的成长以及知识的传承。教育使命是机构的使命陈述，表达了其为何存在、追求何种目标的基本理念。下面将深入探讨教育使命与人才培养责任的概念、特征、相互关系，以及对高等教育的意义。

（一）教育使命的概念与特征

1. 教育使命的定义

教育使命是指教育机构为了实现其存在的目标而确定的基本任务和理念。它不仅仅是一句宣言，更是对于机构价值观、目标和发展方向的明确表述。

2. 教育使命的特征

宗旨与目标：教育机构的宗旨是其存在的原因，而目标则是机构追求的具体成果。教育使命通常涵盖了这两方面的内容。

价值观与理念：教育机构的价值观和理念反映了其对教育的根本看法和信仰，是制定教育使命的基础。

社会责任：教育使命通常与社会责任紧密相连，机构承诺为社会培养有用的人才、传递知识和文化。

（二）人才培养责任的概念与特征

1. 人才培养责任的定义

人才培养责任是指教育机构在学生培养过程中所负的责任，包括传授知识、培养技能、发展学生的思维和创新能力，以及塑造其道德品质等方面。

2. 人才培养责任的特征

学科专业培养：教育机构应确保学生在所学专业领域具备必要的知识和技能，为其未来职业发展提供基础。

综合素质培养：除了专业知识外，机构还应关注学生的综合素质，包括沟通能力、团队协作能力、创新能力等方面的培养。

道德伦理塑造：人才培养责任也涉及培养学生的道德伦理观念，使其成为有社会责任感的公民。

（三）教育使命与人才培养责任的相互关系

1. 共同目标

教育使命和人才培养责任的共同目标是为社会培养有贡献、有担当的人才。教育使命为机构提供了为何存在的理由，而人才培养责任是实现这一理由的具体行动。

2. 使命指导责任

教育使命作为机构的指导性文档，对人才培养责任具有指导作用。教育机构在明确了自身的教育使命后，可以更有针对性地制定人才培养计划，确保培养出符合机构期望的人才。

3. 道德引导

教育使命中通常包含有机构的价值观和道德观念，这对于塑造学生的道德品质有着深远的影响。人才培养责任中的道德伦理塑造与教育使命中的价值观是相辅相成的。

（四）对高等教育的意义

1. 社会发展的支撑

教育机构通过明确教育使命和人才培养责任，为社会培养出符合发展需求的人才，为社会发展提供有力支撑。

2. 人才储备与创新

高等教育的教育使命和人才培养责任既关注培养学生的基础知识，又注重培养其创新能力，为社会提供不断涌现的人才储备。

3. 文化传承与价值传递

教育机构通过明确的教育使命将传承文化和价值观念作为重要责任，通过人才培养责任将这些文化和价值传递给学生，促进文明的传承与创新。

（五）面临的挑战和未来发展趋势

1. 挑战多元化需求

社会对人才的需求越来越多元化，对高等教育的使命和责任提出了更高的要求。教育机构需要适应社会变革，不断调整教育使命和人才培养责任，以更好地满足社会需求。

全球化竞争：随着全球化的发展，高等教育机构面临着更激烈的国际竞争。教育使命和人才培养责任需要更加开放、包容，使毕业生具备更强的国际竞争力。

2. 未来发展趋势

跨学科教育：未来高等教育将更加注重跨学科的融合，培养具备多领域知识的综合型人才，以适应复杂的社会问题。

数字化与技术应用：教育机构将更多地利用数字技术和创新教育工具，个性化、定制化地满足学生的需求，提高教育质量。

社会责任与可持续发展：高等教育机构将更加关注社会责任，注重可持续发展目标的实现。人才培养责任将更强调培养具有社会责任感、可持续发展观念的学生。

教育使命和人才培养责任是高等教育机构存在的根本理念和核心任务，二者相互交织、相辅相成。教育使命为机构提供了宏观的发展方向和目标，而人才培养责任则是机构在具体操作层面实现教育使命的具体行动。教育机构需要在不断变化的社会环境中，灵活调整自身的教育使命和人才培养责任，以更好地适应社会需求、培养创新型人才，为社会进步和发展作出积极贡献。在未来，高等教育将面临更多的挑战和机遇，通过不断创新、改革，教育机构能够更好地履行教育使命，承担人才培养责任，为社会的可持续发展和进步做出更大贡献。

三、学术自由与管理规制的关系

学术自由和管理规制是高等教育领域内两个关键概念，它们直接关系到教育机构的运作方式、学术研究的发展以及学生的学术体验。学术自由强调学者在学术研究和教学中的独立性和自主性，而管理规制则是为了保障教育机构的正常运作而采取的管理手段。下面将深入探讨学术自由和管理规制的概念、特征，分析二者的相互关系，以及它们对高等教育的影响。

（一）学术自由的概念与特征

1. 学术自由的定义

学术自由是指学者在学术研究和教学中不受政治、宗教、经济等因素的限制，具有独立思考和表达的权利。它是一种保障学者进行学术探究和思想表达的权利和自由。

2. 学术自由的特征

独立性：学者在学术活动中能够独立进行研究，不受外界的强制干预。

言论自由：学者有权利自由表达学术观点，不受言论约束，保障学术讨论的开放性。

学术创新：学术自由鼓励学者进行创新性的研究，推动学术领域的不断进步。

（二）管理规制的概念与特征

1. 管理规制的定义

管理规制是指为了保障教育机构的正常运作，确保教育目标的实现而采取的一系列管理手段和制度。这包括行政管理、财务管理、学科建设等方面的规定和约束。

2. 管理规制的特征

组织结构：教育机构内部设有一定的组织结构和管理层次，以确保学校的正常运作。

财务管理：学校需要合理使用和管理财务资源，确保经费用于学术研究、教学和学生服务等方面。

学科建设：为了提高学科水平，学校进行学科建设，规定学科方向、课程设置等。

（三）学术自由与管理规制的关系

1. 相互制约

学术自由和管理规制在某种程度上存在相互制约的关系。过度的管理规制可能对学术自由产生限制，而缺乏管理规制则可能导致学术混乱和机构无序。

2. 平衡与调和

学术自由和管理规制需要在平衡和调和的基础上发挥最佳效果。适度的管理规制能够保障学校的正常运作，为学者提供更好的研究和教学环境，而不过分干预学者的学术独立性。

3. 确保学术品质

管理规制可以确保学术研究和教学的品质，通过对学科建设、教学评估等方面的规制，提升整体教育水平，使学术自由在有序的环境中得以更好地发挥。

（四）对高等教育的影响

1. 学术研究的发展

适度的管理规制有助于建立规范的学术环境，促进学术研究的有序进行。通过明确的学科方向、研究计划和经费管理，学者在有保障的情况下更容易进行深入而高质量的研究，从而推动学术领域的发展。

2. 教学质量的提升

管理规制对于教学质量的提升起到了关键作用。规范的课程设置、教学评估和师资培训等规制机制有助于确保高等教育机构提供的教学服务更加专业、有效，满足学生需求，提高整体教学质量。

3. 保障学生权益

适当的管理规制能够保障学生的权益，确保他们在学习过程中得到合理的资源分配、公平的评价制度和良好的学习环境。这有助于培养学生的全面素质和自主学习能力。

（五）面临的挑战与未来发展趋势

1. 挑战

管理过度：过度的管理规制可能导致对学术自由的过度限制，抑制学者的创新精神和学术独立性。

灵活性不足：部分管理规制可能使机构变得刻板，缺乏灵活性，难以适应不断变化的教育需求和学术发展。

2. 未来发展趋势

强调科研管理：高等教育机构未来可能加强对科研的规制和管理，以提高科研质量，推动学术创新。

强调学术评价：未来可能强调建立更为科学的学术评价机制，综合考量学者的教学、科研、服务等多方面贡献。

注重学科发展：学科发展规划可能成为管理规制的重要内容，以推动学科的深度发展和提升学科影响力。

学术自由和管理规制作为高等教育领域内的两个重要概念，共同构建了学术和教育机构的运作框架。它们之间并非对立关系，而是需要在平衡中协同发展。适度的管理规制有助于保障学术自由，确保学术研究和教学的质量，从而更好地服务于学术发展和学生培养。在未来，高等教育机构需要在维护学术自由的同时，更加科学地制定管理规制，以适应不断变化的社会环境和教育需求，促进学术和教育事业的全面发展。只有在学术自由与管理规制的良性互动中，高等教育机构才能更好地履行其教育使命，为社会培养更具创新能力和社会责任感的人才。

第四节　高等教育管理的目标

一、教育质量与学术声望的提升

在当今全球化的时代，教育质量与学术声望的提升对于一个国家的发展至关重要。高质量的教育系统不仅能够为个体提供更好的发展机会，还能为国家培养具有创新力和竞争力的人才，从而推动社会的进步。与此同时，学术声望则是衡量一个学术机构或国家研究水平的标志，直接关系到其在国际上的影响力和地位。下面将探讨提升教育质量与学术声望的重要性，以及实现这一目标的途径和挑战。

（一）教育质量的重要性

教育质量直接关系到国家的未来发展和竞争力。一流的教育系统能够为学生提供全面的知识体系、丰富的学科内容和实践机会，培养出具备批判性思维、创新能力和解决问题能力的人才。高质量的教育系统还能够减少社会不平等，为所有人提供平等的发展机会，促进社会的和谐稳定。

在全球经济中，知识经济已经成为主导力量，高素质的劳动力是推动经济增长和创新的关键。只有通过提升教育质量，国家才能培养出适应快速变化的科技和经济环境的人才，从而在全球竞争中占据有利位置。

（二）学术声望的意义

学术声望是一个学术机构或国家在国际上的知名度和信誉的象征。具有良好学术声望的学校或国家通常能够吸引国内外优秀的学者和学生，形成具有国际影响力的学术社群。这种声望不仅体现在学术研究上，还关系到科研成果的转化和对社会的贡献。

学术声望的提升可以为学术机构带来更多的资源和支持，提高科研水平和创新能力。同时，具有较高学术声望的国家能够更好地吸引国际合作和投资，促进科技、文化和经济的交流与发展。因此，提升学术声望不仅是学术机构的需求，也是国家整体实力和国际地位的重要组成部分。

（三）实现教育质量与学术声望的途径

要实现教育质量与学术声望的提升，需要综合运用多种手段，包括政策支持、教育体制改革、科研投入和国际交流等方面。

1. 政策支持和投入

国家应该加大对教育事业的政策支持和财政投入，确保教育资源的均衡分配。这包括提高教育经费的投入比例，改善学校基础设施，提高教师薪酬水平，促进教育公平。政府还应该制定相关政策，鼓励学校开展创新性的教学方法和实践，培养学生的综合素养和创新能力。

在科研方面，政府需要增加对科研项目的支持，鼓励学术机构进行前沿科研，推动科研成果的转化。政府还可以通过设立科研基金、奖励机制等方式，激发科研人员的积极性和创新力。

2. 教育体制改革

教育体制的改革是提升教育质量的关键。这包括对教育课程的更新与优化，强调综合素养的培养，注重实践能力的培养，提高学生的创新思维。此外，还需要加强对教师的培训和职业发展支持，提高他们的专业水平和教学能力。

在高等教育领域，应该建立健全的评估机制，对学术机构的教学和科研进行全面评估，激励和支持优秀学术机构的发展。同时，要鼓励学校开展国际合作与交流，引入国际化的教学理念和资源，提高学术水平和国际竞争力。

3. 科研投入和创新

提升学术声望需要加大科研投入和创新力的培养。学术机构应该鼓励教师和学生参与科研项目，提供良好的科研条件和支持。同时，要建立开放的科研环境，促进不同学科之间的交叉与合作，推动创新成果的涌现。

为了提高科研水平，学术机构可以设立专门的科研中心，集聚高水平的研究团队，推动前沿科技的研究和应用。同时，鼓励科研成果的产业化转化，促进科技创新与产业发展的深度融合。这有助于提升学术机构在社会中的影响力，增强其对国家发展的贡献。

4. 国际交流与合作

国际交流是提升学术声望的有效途径之一。学术机构应鼓励教师和学生参与国际学术会议、交流项目和合作研究，促进不同国家、不同文化背景的学者之间的互动与合作。这有助于拓宽学术视野，引入国际前沿研究成果，提高学术水平。

国际交流还有助于学术机构吸引国际优秀人才，促进全球人才的流动与交流。通过建立国际化的合作机制，学术机构可以吸引更多国际知名学者和研究人员，推动学术研究的国际化发展，提升学术声望。

（四）挑战与应对策略

在提升教育质量与学术声望的过程中，也面临着一系列挑战，需要采取相应的应对策略。

1. 教育资源不均衡

教育资源的不均衡分配是一个普遍存在的问题。一些地区或学校可能缺乏足够的师资、教材和设施，导致教育质量的不均匀。为解决这一问题，政府应该加大对贫困地区教育的支持力度，确保教育资源的公平分配。同时，可以鼓励跨区域的教育合作与资源共享，促进教育资源的整合和优化。

2. 评价体系不合理

当前的教育评价体系往往偏重应试成绩，忽视了学生的全面素养和创新能力。为了更准确地反映教育质量，应该建立多元化的评价体系，包括学科知识、实际操作能力、创新能力等多个方面。鼓励学校采用综合评价的方式，更全面地了解学生的发展状况，推动教育朝着全面素养的方向发展。

3. 科研体制不灵活

有些地区的科研体制存在僵化和官僚化的问题，影响了科研机构的灵活性和创新性。应该推动科研机构的改革，建立更加灵活、开放的科研管理机制。鼓励跨学科研究，打破学科壁垒，促进创新思维的碰撞。同时，为科研人员提供更多的自主权和激励机制，激发他们的创新热情。

4. 国际合作面临障碍

由于文化差异、语言障碍等原因，国际合作可能面临一些困难。为了促进国际交流与合作，可以加强语言培训，提供专业的翻译支持。同时，建立更加便捷的国际学术合作机制，简化合作程序，降低合作门槛，推动国际合作的深入发展。

提升教育质量与学术声望是一个综合性的工程，需要政府、学校、教师和学生等多方面的共同努力。通过加大政策支持、教育体制改革、科研投入和国际交流等手段，可以逐步提升教育质量与学术声望，为国家的可持续发展奠定坚实基础。同时，要时刻关注挑战与问题，采取切实可行的措施，不断推动教育事业和学术研究的创新与进步。

二、人才培养与社会需求的匹配

随着社会经济的不断发展和科技进步的加速，人才已经成为推动社会发展的核心要素之一。人才培养与社会需求的匹配问题变得愈发突出，对于保持国家竞争力、促进产业升级和社会可持续发展具有重要意义。下面将探讨人才培养与社会需求匹配的重要性、现状与问题，并提出相应的对策与建议。

（一）人才培养与社会需求的重要性

人才是社会进步和发展的引擎，其培养与社会需求的匹配关系密不可分。合理、科学地满足社会对各类人才的需求，不仅能够提高人力资源的使用效率，还有助于推动科技创新、促进产业升级、增强国家竞争力。

1. 推动科技创新

科技创新是社会发展的关键驱动力之一，而高素质、创新能力强的人才是推动科技创新的基础。通过培养与社会科技需求相匹配的人才，可以更好地应对新兴科技的挑战，推动科技创新向更高层次发展。

2. 促进产业升级

随着产业结构的调整和经济转型，不同产业对人才的需求也在发生变化。合理培养符合新兴产业发展需求的人才，有助于推动产业升级，提高产业附加值，实现经济可持续发展。

3. 增强国家竞争力

人才是国家竞争力的核心要素，与其他国家相比，人才储备的优劣直接关系到国家在国际社会中的地位。通过培养符合社会需求的高素质人才，可以提高国家的综合实力，更好地参与国际竞争。

（二）人才培养与社会需求的现状与问题

在当前社会背景下，人才培养与社会需求之间存在一些现状和问题，主要表现在以下几个方面：

1. 专业结构与社会需求不匹配

一些传统专业仍然存在过剩的情况，而一些新兴领域的人才却相对短缺。这导致了社会对某些领域人才的需求难以得到满足，同时也造成了一些传统专业毕业生就业难的问题。

2. 人才培养模式滞后

一些高校和培训机构的人才培养模式相对滞后，无法及时适应社会对于新型人才的需求。传统的课程设置和教学方法可能无法满足当下复杂多变的社会需求，造成毕业生在实际工作中缺乏应对复杂问题的能力。

3. 实际操作能力不足

一些人才培养过程中过于注重理论知识的传授，而忽视了实际操作能力的培养。社会对于实际操作技能需求较高的行业，比如工匠技艺、实验操作等领域，面临着实际操作能力不足的问题。

4. 跨学科综合能力不足

社会对于综合素质和跨学科能力的需求日益增加，但一些传统的学科设置和培养模式未能有效培养学生具备跨学科的知识和能力。这导致了一些毕业生在实际工作中面对复杂、跨学科的问题时显得力不从心。

（三）人才培养与社会需求的对策与建议

为了更好地实现人才培养与社会需求的匹配，需要采取一系列的对策和措施：

1. 灵活调整专业结构

学校和培训机构应该根据社会需求的变化，灵活调整专业设置，优化学科结构。对于一些过剩专业，可以通过调整招生计划、提高录取门槛等方式进行限制，同时加大对新兴领域专业的培养力度。

2. 更新人才培养模式

人才培养模式应与社会需求相适应，注重培养学生的实际操作能力和创新能力。引入先进的教育技术和教学方法，推动实践教学与理论学习的有机结合，培养学生解决实际问题的能力。

3. 加强跨学科综合能力培养

为了培养适应社会需求的人才，学校应当加强跨学科教育，鼓励学生在不同学科领域中进行交叉学习。设立跨学科的专业或课程，促使学生具备更全面、综合的知识和技能。同时，学校还可以鼓励学生参与跨学科的实践项目，培养其在多学科背景下解决问题的能力。

4. 加大实践教育力度

实践教育是培养学生实际操作能力的有效途径。学校和培训机构可以加强实践教学环节，提供更多的实际操作机会，使学生能够在真实场景中应用所学知识。与企业、实验室等机构建立紧密联系，让学生在实际工作中获得更丰富的经验。

5. 加强行业与学校的沟通合作

为了更好地了解社会对人才的需求，学校应积极与行业进行沟通合作。建立行业与学校的联合培养计划，将行业实际需求纳入到人才培养的过程中。定期开展行业研讨会、企业实习等活动，让学校更加贴近社会实际需求，更好地为社会培养所需人才。

6. 推动终身学习理念

社会的需求在不断变化，人才也需要不断更新自己的知识和技能。培养学生具备终身学习的意识和能力，鼓励其在工作后持续学习和提升，适应社会发展的变化。建立完善的继续教育和职业培训机制，让人才在职业生涯中能够随时更新自己的知识结构。

人才培养与社会需求的匹配是一个复杂而长期的过程，需要学校、政府和企业等多方共同努力。通过灵活调整专业结构、更新人才培养模式、加强跨学科综合能力培养、加大实践教育力度以及推动终身学习理念的落实，可以更好地实现人才培养与社会需求的有效匹配。只有不断优化人才培养体系，使之更贴近社会需求，才能更好地满足社会对各类人才的需求，推动社会经济的持续发展。

三、可持续发展与资源管理的协调

随着全球人口的增长、经济的发展和科技的进步，资源管理与可持续发展之间的关系变得愈加紧密。资源是支撑人类社会发展的基础，而可持续发展则是在保障资源的同时，实现经济、社会和环境的平衡发展。下面将深入探讨可持续发展与资源管理的协调问题，分析其重要性、现状与挑战，并提出相应的对策和建议。

（一）可持续发展与资源管理的重要性

可持续发展和资源管理之间存在着紧密的相互关系，其协调发展对于实现社会、经济和环境的可持续性至关重要。

1. 资源是可持续发展的基础

能源、水资源、土地等自然资源是支撑社会经济运转的基础。在实现可持续发展的过程中，必须合理、高效地管理和利用这些资源，以满足当前和未来的需求。资源的枯竭、过度开发和不合理利用将对可持续发展构成威胁。

2. 可持续发展是资源管理的目标

资源管理的目标之一就是保障资源的可持续利用。通过科学的资源管理，可以确保资源的稳健供应，防止过度开采和环境污染，实现资源的长期可持续发展。可持续发展理念将资源管理提升到更高的层次，要求在满足当前需求的基础上，不损害未来代际的利益。

3. 资源管理对环境和社会的影响

资源开发和利用的方式直接影响着环境和社会。资源的过度开发和不合理利用可能导致生态系统破坏、生物多样性丧失、气候变化等环境问题。同时，不合理的资源管理可能导致社会的不公平分配，加剧贫富差距，引发社会不稳定因素。因此，资源管理的协调发展对于环境和社会的健康稳定同样至关重要。

（二）现状与挑战

在当今全球化、高度发达的技术和经济体系下，可持续发展与资源管理的协调面临一系列的现状和挑战。

1. 资源过度开发与耗竭

部分地区和国家存在资源过度开发和过度消耗的问题。大规模的能源、水资源和矿产资源开采，导致一些资源面临枯竭的风险。例如，过度捕捞导致渔业资源的减少，过度农业开发导致土地退化，过度采矿导致矿产资源的枯竭，这些都对可持续发展构成威胁。

2. 环境污染和生态破坏

一些资源的开发和利用过程中产生的废弃物和排放物，对环境造成了严重的污染。水污染、空气污染、土地退化等问题直接影响生态系统的健康。环境问题的加剧可能进一步影响资源的可持续性，形成一个恶性循环。

3. 不公平的资源分配

资源的不合理分配也是一个挑战。在一些国家和地区，资源分配不均衡，导致一部分人口无法享受到资源带来的福祉。这不仅引发社会不公平，还可能导致社会动荡和冲突。

4. 全球化与资源竞争

全球化使得资源的利用变得更加复杂，国际资源竞争日益激烈。一些发达国家和新兴经济体对于有限的资源展开竞争，可能导致资源开发的不公平和不可持续性。

（三）对策与建议

为了更好地协调可持续发展与资源管理，需要采取一系列的对策和建议。

1. 加强法律法规体系

建立健全的法律法规体系，制定明确的资源管理政策和标准。这包括对资源的开发、利用和保护进行明确规定，防止过度开发和滥用资源。法律法规的有效实施可以规范资源管理行为，促进可持续发展。

2. 推动技术创新与绿色发展

通过技术创新，提高资源的利用效率，减少对环境的影响。发展绿色技术，推动绿色产业的发展，实现资源管理与经济发展的双赢。技术的创新可以为资源管理提供更多解决方案，促使产业向更可持续的方向发展。

3. 建立全球资源治理机制

在全球层面，建立资源治理机制，加强国际合作。资源问题是全球性的，需要各国携手合作，共同制定和实施可持续的资源管理政策。国际组织、跨国公司和各国政府可以共同制定全球性的资源管理框架，共同应对资源开发与管理的挑战，确保资源的可持续利用。

4. 加强教育和宣传

通过教育和宣传，提高社会对可持续发展与资源管理的认识和重视程度。培养公众的环保意识，倡导绿色消费和可持续生活方式，推动社会对资源的合理利用和环境的保护。

5. 强化社会参与与民主决策

加强社会各界的参与，形成多元共治的资源管理模式。民众、NGO 组织和企业等应当参与决策过程，提出合理建议，监督资源管理的公正性和透明度。社会各界的广泛参与有助于形成共识，减少资源管理中的冲突，促进可持续发展目标的实现。

6. 建立循环经济模式

推动建立循环经济模式，减少资源的浪费和污染。通过资源的再利用、回收和循环利用，减轻资源的压力，提高资源的利用效率。建立绿色供应链，推动企业向循环经济的转变，实现可持续发展。

可持续发展与资源管理的协调是人类社会发展的当务之急。只有在资源管理的过程中实现可持续性，才能确保资源的传承和利用，满足人类社会的持续发展需求。通过加强法律法规体系、推动技术创新与绿色发展、建立全球资源治理机制、加强教育和宣传、强化社会参与与民主决策、建立循环经济模式等一系列措施，可以更好地协调可持续发展与资源管理的关系，实现人与自然的和谐共生。在全球范围内形成可持续发展的理念，共同努力，方能保障当前和未来世代的发展权益，实现人类社会的可持续繁荣。

第五节　高等教育管理的基本原则

一、高等教育的民主参与与决策透明

随着社会的不断发展和高等教育的普及，民主参与与决策透明成为高等教育领域中备受关注的话题。在这一背景下，如何促进广泛的民主参与，确保决策过程的透明度，已经成为高校管理和发展的重要任务之一。下面将深入探讨高等教育中民主参与与决策透明的重要性、现状与问题，并提出相关的对策与建议。

（一）高等教育中民主参与与决策透明的重要性

1. 保障权益与参与平等

高等教育的民主参与与决策透明是为了保障各利益相关方的权益，实现参与主体的平等地位。在教育领域，不仅仅是学生，还包括教职员工、管理层、校友等多方利益相关者。通过民主参与和透明决策，可以确保每个参与主体在决策过程中都有平等的发言权和参与权。

2. 提升决策质量与效果

民主参与能够引入更多的观点和意见，有效避免单一观念导致的盲点和局限性。在决策过程中，融入多元的声音和意见有助于提高决策的质量，更好地满足广大教育参与者的需求。透明的决策过程也能够促进执行力和决策效果的提升。

3. 加强大学治理与社会信任

民主参与和透明决策有助于建立开放、负责任的大学治理体系。当社会对大学的决策过程有充分了解并能够参与时,大学更容易赢得社会的信任和尊重。这对于大学的声望、招生、校友捐赠等方面都具有积极的影响。

(二)高等教育中民主参与与决策透明的现状与问题

1. 决策权集中与民主参与不足

在一些高校中,决策权集中在少数几位领导人手中,民主参与程度较低。学生、教职员工等其他利益相关方在决策过程中的发言权和参与度相对较弱,容易导致决策的片面性和不全面性。

2. 信息不对称与决策透明度不足

有些高校在决策信息的传递上存在不对称问题,决策的过程和原因未能充分向广大社群进行解释和传达。这导致了透明度的不足,学生和教职员工对决策的合理性和合法性产生疑虑,影响了决策的执行力。

3. 参与主体参与意识不强

在一些高校,学生和教职员工对于参与决策的意识相对较弱。这可能是由于历史原因、文化传统或者组织结构等方面的原因。缺乏参与意识会使得民主参与的机制难以形成,影响到广泛参与的实现。

4. 决策结果难以满足多元需求

一些高校在决策过程中过于注重效益和经济因素,忽视了多元需求的存在。这可能导致一些决策结果无法充分满足不同群体的需求,从而引发矛盾和不满。

（三）对策与建议

为了促进高等教育中民主参与与决策透明，可以采取以下对策和建议：

1. 建立多层次、多渠道的决策参与机制

通过建立多层次、多渠道的决策参与机制，确保各利益相关方在决策过程中有充分的参与权。可以设立学生代表机构、教职员工代表机构，通过座谈会、听证会等方式收集各方意见，形成全面的决策依据。

2. 提高决策透明度

加强决策信息的传递和公开，确保决策的透明度。可以通过建立决策公告平台、定期召开校园公开论坛等方式，向广大社群解释决策的过程、原因和结果，促进社会对决策的理解和支持。

3. 培育参与意识与文化

通过教育和培训，培育学生和教职员工的参与意识。学校可以组织相关的培训课程，引导社群了解大学治理结构、参与方式和意义，形成共建共治的参与文化。

4. 加强社群沟通与共建

建立高效的社群沟通机制，鼓励学生和教职员工积极表达意见和建议。定期召开座谈会、开展在线投票，设立意见信箱等方式，增加参与者对决策的直接反馈，建立起有效的沟通桥梁。

5. 设立独立监督机构

设立独立监督机构，对决策过程和决策结果进行监督。这个机构可以由独立的专业人士组成，负责审查决策的合法性和合理性，确保决策符合公正、公平的原则。

6. 强化教育法规建设

完善高等教育的法规制度，明确决策的程序和要求。加强对高校管理者和决策者的培训，使其具备更好的管理和决策水平，提高对法规的遵守意识。

7. 注重多元文化的融合

在决策中注重多元文化的融合，尊重不同群体的文化差异。多元文化的融合有助于形成更具包容性的决策环境，确保决策结果更能够满足多元需求。

高等教育中的民主参与与决策透明是一项复杂而长期的任务，需要学校、管理层和广大社群的共同努力。通过建立多层次、多渠道的参与机制，提高决策的透明度，培育参与意识与文化，强化法规建设，加强社群沟通与共建，可以更好地实现高等教育中的民主决策与透明治理。这不仅有助于提高决策质量和效果，也有助于形成更加和谐、稳定的高等教育环境，为培养更优秀的人才和推动社会进步作出积极贡献。

二、高等教育学术自主与管理有效结合

随着社会的发展和高等教育的普及，高等教育机构在面对学术自主和有效管理之间的平衡问题时面临挑战。学术自主是高等教育的灵魂，而有效的管理则是保障高校正常运转和提升综合实力的基础。下面将深入探讨高等教育中学术自主与管理有效结合的重要性、现状与问题，并提出相关的对策与建议。

（一）高等教育中学术自主与管理的重要性

1. 学术自主是高等教育的核心

学术自主是高等教育的核心价值之一，体现了学术机构在学科建设、教学研究、人才培养等方面的自主权。高校应该有权制定自己的教学计划、研

究方向、学科专业设置，以便更好地适应社会发展和满足不同学科领域的需求。

2. 有效管理是高等教育的基石

尽管学术自主至关重要，但有效管理同样不可或缺。高校需要规范的组织结构、科学的运行机制、透明的管理流程，以确保教学、科研和管理等方面的正常运作。只有在有效管理的基础上，学术机构才能更好地发挥其学术自主的潜力。

3. 结合促进综合实力提升

学术自主和有效管理并不矛盾，相反，二者可以相辅相成，共同促进高等教育的综合实力提升。通过科学的管理手段，可以更好地调动学术机构的积极性，提高教育教学水平，推动科研创新，实现学术自主与综合实力的良性循环。

（二）高等教育中学术自主与管理的现状与问题

1. 学术自主受到一些外部干预

在一些地区和高校，学术自主受到政治、经济和社会等多方面因素的干预。有时政府过度干预学术决策，导致高校的学术自主权受到侵害，教学科研方向受到过多政治因素的影响。

2. 管理过于繁杂与冗余

一些高校管理机构设置过于繁杂，冗余的管理层次较多。这可能导致决策效率低下，学术机构的灵活性降低，难以及时作出适应变化的决策。

3. 学术机构过度注重管理细节

有些高校在追求管理的同时，过于注重管理细节，导致学术机构的精力过分分散，影响学术自主的发挥。过度的行政管理可能使教职人员过分受到行政压力，影响创新和教学研究的积极性。

4. 信息不畅通影响决策质量

信息不畅通是一个影响高校决策质量的重要问题。有时候学术机构与管理层之间信息流通不畅，导致管理者在制定决策时难以全面了解学术机构的真实情况，可能偏离学科建设的需要。

（三）对策与建议

为了更好地结合高等教育中的学术自主与管理，需要采取一系列的对策和建议。

1. 明确学术自主的范围和底线

政府和高校应明确学术自主的范围和底线，确保高校在学科建设、人才培养、科研方向等方面有足够的自主权。政府在高校管理上要避免过度干预学术决策，保持相应的监管，但不应侵犯学术自主。

2. 优化管理结构与流程

对高校的管理结构和流程进行优化，减少层级和冗余，提高管理的效率和灵活性。可以通过合并冗余的管理层次，简化审批程序，优化工作流程等方式，降低管理成本，提升管理效能。

3. 推动科研与管理的有机结合

科研与管理并非对立关系，而是可以有机结合的。高校可以推动科研成果的转化，将科研创新与实际管理相结合。通过科技成果的应用，提高高校的综合实力，为学术机构的发展提供更多资源支持。

4. 建立信息共享平台

建立信息共享平台，促进高校内外信息的畅通。学术机构与管理层之间需要建立更为紧密的沟通渠道，确保管理者对学术机构的了解全面，为决策提供更准确的依据。信息共享平台也可以促进不同学科、不同高校之间的合作与交流。

5. 强化管理培训与专业素养

对高校管理层进行相关培训，提高其管理水平和专业素养。管理者需要具备一定的学术素养，了解学术机构的运作规律，以更好地进行决策和管理。同时，学术人员也可以接受一定的管理培训，增强其管理意识和能力。

6. 制定科学合理的考核机制

建立科学合理的考核机制，既能够激励学术机构的创新，又能够保证管理的有效性。通过合理设定考核指标，将学术自主和管理的目标融为一体，使学术机构更好地发挥自身优势。

7. 加强对学术自主的法制保障

政府和高校需要共同加强对学术自主的法制保障，确保学术自主在法律层面得到充分的尊重和保护。建立健全的法规制度，保障高校在学科建设、科研方向、人才培养等方面的自主权，同时规范管理行为，确保管理的合法性和合理性。

学术自主与管理的有效结合是高等教育中的一项重大课题。在确保学术自主的基础上，通过科学合理的管理手段，可以更好地发挥学术机构的创新活力，提高高校的整体水平。政府、高校管理者和学术人员需要共同努力，形成共识，采取切实可行的对策，实现学术自主与管理的良性互动。只有在学术自主与有效管理相辅相成的基础上，高等教育机构才能更好地履行其教育和科研使命，培养更多优秀人才，为社会的发展做出更大贡献。

三、高等教育公平与公正的资源分配

随着社会的发展和高等教育的普及，关注高等教育公平与公正的资源分配问题变得愈加重要。公平的资源分配不仅关系到每个学子的机会公平，也影响着整个社会的稳定与繁荣。下面将深入探讨高等教育中公平与公正的资源分配的重要性、现状与问题，并提出相关的对策与建议。

（一）高等教育中公平与公正的资源分配的重要性

1. 平等的受教权是基本权利

平等的受教权是每个公民的基本权利。高等教育作为提供深度知识和专业技能的平台，其资源分配应当确保每个人都有平等的机会接受良好的教育，无论其社会背景、家庭条件或地域差异。

2. 提升社会公平和流动性

高等教育的公平与公正资源分配，直接关系到社会的公平与流动性。只有通过公平的高等教育资源分配，才能够更好地打破贫富差距，使更多的人获得社会提升的机会，实现社会的更好均衡。

3. 促进国家创新与经济发展

公平与公正的高等教育资源分配有助于培养更多的人才，激发个体的创新潜力。通过更加广泛的人才培养，可以推动国家的科技创新和经济发展，使整个国家更具竞争力。

（二）高等教育中公平与公正的资源分配的现状与问题

1. 城乡差异与资源分配不均

在一些地区，尤其是城乡之间，高等教育资源分配存在不均衡现象。优质的大学、师资力量、实验设备等资源主要集中在大城市，而农村地区则相对匮乏。这导致了城乡学子在接受高等教育机会上的明显差异。

2. 贫富差距与入学机会不平等

家庭背景的贫富差距也直接影响了学生获得高等教育的机会。在一些地区，由于教育资源、培训机会的不平等，导致了富裕家庭的子女更容易进入名校，而来自贫困家庭的学生面临更大的入学难题。

3. 专业选择与社会需求脱节

有些学科领域的资源过度投入，而另一些社会急需的专业却相对缺乏。这导致了学生在选择专业时受到了传统观念、社会地位等多方面的影响，而不能真正适应社会的需求。

4. 评价体系与人才培养目标不匹配

一些高等教育机构的评价体系过于注重学术论文、科研成果等，而忽视了学生实际应用能力的培养。这导致了一些学生在校期间过度追求论文数量，而忽略了实际技能和创新能力的培养。

（三）对策与建议

为了更好地实现高等教育中的公平与公正的资源分配，可以采取以下对策和建议：

1. 加大对农村地区的支持

政府和高等教育机构应该加大对农村地区的教育资源支持。建立更多的高等教育机构、提高农村学校的师资水平、改善实验设备等，以确保农村学生能够享有与城市学生相当的教育资源。

2. 建立奖助学金制度

建立完善的奖助学金制度，以缓解家庭经济困难学生的负担，确保他们能够顺利完成高等教育。通过奖助学金的设立，可以更好地激发学生学习的积极性，减轻其家庭经济压力。

3. 加强职业教育与社会需求对接

通过调整专业设置、提高教学质量，加强职业教育与社会需求的对接。

培养更符合市场需求的专业人才，可以缓解某些领域人才短缺的问题，提高毕业生就业竞争力，从而更好地实现高等教育的社会效益。

4. 建立公平的招生制度

改进招生制度，确保每个有能力、有潜力的学生都能够有机会接受高等教育。采取多元化的招生评价体系，不仅关注学术成绩，还考虑综合素质、特长和个性等方面的因素，以更全面地衡量学生的潜力。

5. 强化实践能力培养

优化课程设置，注重实践能力培养，使学生具备更好的实际应用能力。加强实习、实训环节，与企业合作，使学生在校期间就能够接触真实工作场景，提高其实际操作能力，更好地适应社会的需求。

6. 建立评价体系的多元性

调整评价体系，使其更加多元化，不仅注重学术研究，也兼顾实际应用。评价不仅应该考虑学术论文、科研成果，还应该更加关注学生的实际能力、团队协作精神和创新潜力，为学生提供更多展示自己的机会。

7. 强化公开透明的管理

加强高等教育管理的公开透明度，建立信息公开制度，确保资源分配的公正。高校应当公开财务状况、招生计划、人才培养计划等信息，让社会更好地了解高校的运作情况，监督资源分配的公正性。

高等教育公平与公正的资源分配是一个复杂而重要的议题。只有通过政府、高等教育机构和社会各界的共同努力，才能够实现高等教育资源的均衡分配，确保每个人都能够享受到平等的受教权。通过加大对农村地区的支持、建立奖助学金制度、加强职业教育与社会需求对接、建立公平的招生制度、强化实践能力培养、建立评价体系的多元性、强化公开透明的管理等一系列措施，可以更好地促进高等教育资源的公平分配，实现教育的社会公正和可持续发展。这不仅有助于培养更多有贡献力的人才，也将为社会的进步和繁荣贡献力量。

第六节 高等教育管理的规律

一、发展规律与周期性变化

随着社会的不断演进和科技的迅速发展，人类社会呈现出各种发展规律和周期性变化。这些规律和变化不仅在自然界、经济领域等多个层面得以体现，而且在人类社会的历史长河中也具有深远的影响。下面将深入探讨发展规律与周期性变化的概念、特点、在不同领域中的体现，并进一步分析其背后的原因和对社会发展的启示。

（一）发展规律与周期性变化的概念与特点

1. 发展规律的概念与特点

发展规律是指在一定条件下，事物发展的一种普遍的、重复出现的模式或趋势。它是在一定的社会、经济、自然环境中，事物发展普遍遵循的一种固定规律。发展规律的特点包括普遍性、重复性、客观性和时代性。普遍性表现为在不同的时空条件下都能够发现相似的规律，重复性则意味着这些规律在不同的时期会反复出现。客观性强调规律是客观存在的，与人们的主观意愿无关。时代性则指出，发展规律会随着社会、经济、科技的进步而不断变化。

2. 周期性变化的概念与特点

周期性变化是指某一变量在一定时期内不断重复发生的规律性变化。周期性变化的主要特点包括周期性、规律性、可预测性和相对稳定性。周期性意味着变量的变化是有规律地循环出现的，规律性表现为这种变化具有一定的模式和顺序。可预测性强调在一定的时间范围内，我们能够较为准确地预测变量的变化趋势。相对稳定性则表示这种周期性变化在相对较长的时间内保持一定的稳定性。

（二）发展规律与周期性变化在不同领域的体现

1. 经济领域

在经济领域，发展规律与周期性变化体现尤为明显。经济发展往往呈现出周期性的波动。经济周期通常包括繁荣期、衰退期、萧条期和复苏期。这种周期性变化与一系列因素相互作用有关，如需求、投资、货币政策等。另外，生产力的提高、科技创新等也构成了经济发展的一些普遍规律。

2. 自然环境领域

在自然环境领域，季节变化是一种显著的周期性变化。四季的轮回，昼夜的交替，潮汐的涨落等都展示了自然界中发展规律与周期性变化的特点。此外，生物的生命周期、物种的进化过程等也体现了自然界中的发展规律。

3. 社会领域

在社会领域，人类社会的发展也具有一定的规律性和周期性。历史的长河中，社会制度的更迭、文化的演变、政治体制的变革等都显示出发展的规律性。社会的进步与变革往往伴随着一系列的规律性变化，如社会结构的调整、价值观的演变等。

4. 科技领域

在科技领域，科技的发展往往呈现出规律性的阶段性变化。科技创新的周期、技术的迭代更新、研发过程的阶段性变化等都是科技领域中的发展规律。另外，科技发展也受到一些固有规律的制约，如摩尔定律、技术发展的指数增长等。

（三）发展规律与周期性变化背后的原因

1. 多因素作用

发展规律与周期性变化往往受到多种因素的综合作用。在经济领域，货币政策、政府政策、市场需求、国际环境等因素相互交织，形成了经济周期的波动。在自然环境领域，气候的周期性变化受到地球自转、公转等天文因素的影响。在社会领域，文化、政治、科技等多个方面的变革相互作用，构成了社会发展的规律性和周期性变化。

2. 复杂的动态系统

发展规律与周期性变化的背后常常是一个复杂的动态系统。这个系统中各种元素之间存在相互联系和影响，形成了相对稳定的结构和规律。这种系统的复杂性使得发展规律和周期性变化不是简单的线性关系，而是在非线性、动态、反馈等多种因素的影响下呈现出更为复杂的状态。

3. 人类行为和决策

人类行为和决策也是影响发展规律与周期性变化的关键因素。在经济领域，人们的消费行为、投资决策、创业选择等都对经济周期产生深远的影响。在社会领域，政治决策、文化变革等也与人类行为和决策密切相关。科技的发展同样受到科学家、研究者的创新思维和技术决策的影响。

4. 系统演化的趋势

发展规律与周期性变化背后还有一个系统演化的趋势。这种趋势通常表现为一种从低级到高级、从简单到复杂的演变过程。在自然环境中，从简单的单细胞生物到复杂的多细胞生物的演变就是一个系统演化的例证。在社会领域，从原始社会到现代社会的发展也体现了系统演化的趋势。

（四）对社会发展的启示与对策

1. 科学决策与灵活应变

了解发展规律与周期性变化的存在有助于科学决策。政府、企业、社会组织等在制定战略和政策时，应当充分考虑这些规律和变化，以便更好地应对不同阶段的挑战。同时，需要保持灵活应变的能力，适应外部环境的变化。

2. 可持续发展与平衡发展

认识到系统演化的趋势有助于推动可持续发展与平衡发展。在经济领域，应当追求经济增长与资源利用的平衡，避免出现过度消耗和环境恶化。在社会领域，要关注社会公平、文化传承等，促进社会的平衡发展。

3. 技术创新与人才培养

发展规律与周期性变化对科技领域的启示是，要加强技术创新和人才培养。科技的快速发展常常伴随着周期性的技术迭代，因此，投入科技研发、培养创新人才是保持竞争力的重要手段。

4. 全球合作与共享资源

在全球化的时代，发展规律与周期性变化的存在表明需要更多的全球合作。共享资源、分享经验，协同应对全球性的挑战，才能更好地应对复杂的全球发展环境。

发展规律与周期性变化是社会、经济、自然等多个领域普遍存在的现象。深入理解这些规律和变化，对于科学决策、可持续发展以及促进人类社会的健康发展至关重要。通过认识系统演化的趋势，可以更好地引导社会向着更加平衡、可持续的方向发展。在未来，我们需要继续深化对发展规律与周期性变化的研究，更好地适应不断变化的社会环境，推动社会的持续进步。

二、制度演进与管理革新

随着社会的发展和变革，制度演进和管理革新成为推动社会进步的重要因素。制度演进涉及社会、政治、经济等多个领域中规范和组织结构的变迁，而管理革新则关注组织内部的管理体制、方法和理念的创新。下面将深入探讨制度演进与管理革新的概念、发展过程、影响因素以及对社会和组织的重要性。

（一）制度演进的概念与特征

1. 制度演进的概念

制度演进是指社会中各种规范、组织形式、权力结构等在时间和空间中发生变迁和发展的过程。这包括法律、政治制度、经济制度、文化习惯等方面的变革。制度演进是一个复杂的系统性过程，受到多种因素的影响，如技术变革、文化传承、社会需求等。

2. 制度演进的特征

渐进性：制度演进往往是一个逐步的过程，随着时间的推移，社会制度逐渐变化，而非瞬间完成。

复杂性：制度演进受到多种因素的影响，包括政治、经济、文化、科技等多个领域的互动，使得制度演进的路径变得复杂而多样。

非线性：制度演进的过程并非线性的，其中可能包含多个阶段、跳跃点和反复。某些时期可能呈现较快的变革，而在其他时期可能相对稳定。

路径依赖性：过去的制度安排和历史事件对当前和未来的制度演进产生影响，形成了路径依赖，即现有制度会受到历史选择的制约。

（二）管理革新的概念与特征

1. 管理革新的概念

管理革新是指组织内部管理体制、管理方法和管理理念的深刻变革。这种变革可以涉及组织结构、决策机制、人力资源管理、信息技术应用等多个方面。管理革新的目标是提高组织的效率、灵活性、创新能力和员工的满意度。

2. 管理革新的特征

创新性：管理革新要求在管理体制和理念上进行创新，引入新的理念、方法和工具，以适应不断变化的外部环境。

全面性：管理革新往往不局限于单一领域，而是全面推进。这包括组织结构、流程优化、员工培训、信息技术的应用等多个方面。

持续性：由于外部环境的不断变化，管理革新需要是一个持续的过程。组织需要不断反思、调整管理模式，以适应新的挑战和机遇。

参与性：管理革新通常需要组织内部各层次的广泛参与。员工的参与和反馈对于管理革新的成功至关重要。

（三）制度演进与管理革新的发展过程

1. 制度演进的发展过程

识别问题：制度演进的第一步是识别当前制度存在的问题和不足。这可能涉及社会的各个方面，如法律体系的缺陷、政治体制的僵化、经济制度的不适应等。

形成变革共识：在识别问题的基础上，社会各界需要形成变革的共识。这可能涉及政治层面的协商、社会组织的倡导、学术界的研究等。

设计变革方案：形成共识后，需要设计具体的变革方案。这可能包括修改法律法规、重建政治制度、调整经济政策等。

实施变革：制度演进的最终目的是实现变革。实施的过程可能会面临各种阻力和挑战，需要政府、社会组织、公民等多方共同努力。

2. 管理革新的发展过程

识别管理问题：管理革新的起点是识别组织内部存在的管理问题。这可能涉及组织结构的僵化、决策机制的滞后、员工创新能力的不足等。

建立变革愿景：在识别问题的基础上，组织需要建立变革的愿景，明确未来希望实现的管理目标。这可以激发组织成员的积极性和动力。

设计变革方案：建立变革愿景后，需要设计符合组织特点和目标的管理革新方案。这可能包括重新设计组织结构，优化流程，引入先进的管理工具和技术，以及改进员工培训和发展计划等。

推动变革实施：设计好变革方案后，需要进行实施。这可能包括逐步推行新的管理体制，培训员工适应新的工作方式，引入新的技术系统等。在推动实施的过程中，领导层的引领和组织内部的沟通非常关键。

持续改进与学习：管理革新是一个持续改进的过程。组织需要不断评估变革的效果，收集反馈意见，及时调整和改进管理模式。同时，组织应该注重学习，关注行业内外的最新趋势和管理理念，以保持竞争力。

（四）制度演进与管理革新的影响因素

1. 外部环境的变化

外部环境的变化是制度演进和管理革新的重要驱动因素。经济、科技、文化、政治等方面的变化都可能对制度和管理产生深刻影响。例如，技术进步可能推动组织采用先进的信息技术，政治体制的变化可能引发法律制度的调整。

2. 社会需求和期望

社会需求和期望是制度演进和管理革新的重要动因。当社会对某个制度或管理方式产生不满，或者期望更好的服务和治理时，制度演进和管理革新就可能受到推动。社会对更加透明、负责任、创新的管理方式的期望，通常也会推动组织进行管理革新。

3. 领导层的决策和承诺

领导层的决策和承诺对于制度演进和管理革新至关重要。领导层的愿景、决心和能力直接影响变革的推进和成功。如果领导层能够明确制度演进的方向，支持管理革新，并向组织成员传递积极的变革信号，变革的实施就更有可能获得成功。

4. 组织内部文化和员工参与

组织内部文化和员工参与是管理革新成功的关键因素。如果组织内部存在创新文化，员工对变革有积极的态度，他们更容易适应新的管理方式。反之，如果组织内部文化保守，员工抵制变革，管理革新就可能受到阻力。

（五）制度演进与管理革新的重要性

1. 推动社会进步与可持续发展

制度演进与管理革新有助于推动社会的进步和可持续发展。通过调整制度和改进管理方式，社会可以更好地适应新的挑战，提高资源的利用效率，促进科技创新，推动社会经济的可持续发展。

2. 提高组织竞争力与适应力

在组织层面，管理革新是提高组织竞争力与适应力的有效途径。随着市场的变化和竞争的加剧，组织需要不断调整管理方式，提高效率、降低成本、提升创新能力，以保持竞争优势。

3. 促进员工发展与满意度

管理革新可以促进员工发展与满意度。通过引入先进的管理理念和培训机制，组织可以提升员工的技能水平，激发员工的创新潜力，提高工作满意度，从而增强员工的忠诚度和团队协作力。

4. 增强社会治理效能

制度演进有助于提高社会治理的效能。通过合理的法律制度和政治体制设计，社会可以更好地协调各方利益，维护社会秩序，增强社会稳定性。

制度演进与管理革新是社会和组织不断发展的重要动力。它们通过调整规范和提升管理水平，推动社会朝着更加公正、高效、创新的方向发展。在不断变化的时代，理解制度演进与管理革新的概念、发展过程和影响因素，将有助于更好地引领社会和组织应对各种挑战，实现可持续发展和长期繁荣。

三、内外环境变化与管理应对机制

随着时代的发展和全球化的加深，科技、经济、社会等多个领域的内外环境都在发生深刻的变化。这些变化既为各类组织带来了机遇，也带来了挑战。有效的管理应对机制成为组织保持竞争力、适应变革的关键。下面将深入探讨内外环境变化的概念、主要特征，以及在不同领域中的表现，同时分析管理应对机制的重要性和具体应对策略。

（一）内外环境变化的概念与特征

1. 内外环境变化的概念

内外环境变化指的是组织所处的内部和外部环境发生的、对其产生影响的各种变化。内部环境主要包括组织内部的结构、文化、人力资源等要素，而外部环境则涉及社会、经济、政治、技术等方面的变化。这些变化可能是周期性的、渐进的，也可能是突发的、非线性的。

2. 内外环境变化的特征

不确定性：内外环境变化通常具有不确定性，即组织难以准确预测未来的变化趋势和形势。这要求组织具备灵活性和应变能力，以适应变化中的不确定性。

复杂性：内外环境变化的影响因素众多，相互交织，形成复杂的系统。组织需要综合考虑多方面的因素，制定相应的战略和应对方案。

快速性：随着全球化和科技发展的加速，内外环境变化的速度也在加快。组织需要更加迅速地调整和更新自己的战略和运营方式，以保持竞争力。

多样性：内外环境变化呈现出多样性，不同领域、行业、地区可能面临不同类型的变化。组织需要具备分析不同变化的能力，因地制宜地制定应对策略。

（二）内外环境变化在不同领域中的表现

1. 经济领域

在经济领域，内外环境变化主要表现为经济周期的波动、市场需求的变化、全球贸易格局的调整等。金融危机、贸易摩擦、新兴产业崛起等因素都会对企业的生产、销售和盈利能力产生重大影响。

2. 科技领域

在科技领域，内外环境变化表现为科技创新的不断推进、新技术的涌现以及市场对高科技产品和服务的需求变化。人工智能、区块链、生物技术等领域的快速发展，对企业的生产方式、产品设计和服务模式提出了新的挑战和机遇。

3. 社会领域

在社会领域，内外环境变化包括人口结构的变化、社会价值观的演变、文化传承的调整等。社会对可持续发展、社会责任等方面的关注程度上升，对企业的社会形象和经营方式提出更高要求。

4. 政治领域

在政治领域，内外环境变化表现为国家政策的变动、国际关系的调整、法律法规的更新等。政策的不断调整可能对企业经营产生直接影响，而国际形势的变化也会带来市场的不确定性。

（三）管理应对机制的重要性

1. 提高适应能力

面对内外环境的不断变化，有效的管理应对机制可以帮助组织提高适应能力。通过及时调整组织结构、业务模式、战略规划等，使组织更好地适应新的环境要求。

2. 降低经营风险

管理应对机制有助于降低经营风险。对于外部环境的不确定性，组织可以通过建立风险管理体系、进行市场风险评估等手段，预判潜在风险并采取相应措施，降低业务运营的不确定性。

3. 提高创新能力

管理应对机制有助于提高组织的创新能力。在面对科技、市场、社会等多方面的变化时，组织需要不断创新，推出新产品、开发新服务、改进业务流程等。有效的管理应对机制可以鼓励组织内部的创新文化，提供资源支持，激发员工的创新潜力。

4. 优化资源配置

管理应对机制可以帮助组织更优化地配置资源。在面对市场需求变化、竞争压力增大等情况下，组织需要灵活地配置人力、资金、技术等资源，以提高效率、降低成本，保持竞争力。

5. 增强组织稳定性

有效的管理应对机制有助于增强组织的稳定性。在变化不断的环境中，组织需要建立健全的管理体系，包括制度规范、组织架构、业务流程等，以提供内部的稳定性和持续性，确保组织在风波中保持坚实。

（四）管理应对机制的具体策略

1. 建立敏感的监测机制

组织应建立敏感的内外环境监测机制，及时获取各种变化的信息。这包括市场趋势、技术创新、法规政策等方面的信息，以帮助组织预测变化、迅速作出反应。

2. 制定灵活的战略规划

组织需要制定灵活、可调整的战略规划，以适应不断变化的环境。战略规划应该具有一定的弹性，能够在环境变化时灵活调整，确保组织在变化中保持竞争力。

3. 推动组织文化变革

建立开放、创新的组织文化对于管理应对机制至关重要。组织文化应鼓励员工敢于创新、适应变化，倡导学习和适应的价值观，以推动组织变革。

4. 建立风险管理体系

组织应建立完善的风险管理体系，识别和评估可能的风险，制定相应的风险应对策略。这包括市场风险、财务风险、法律风险等方面，以降低经营的不确定性。

5. 加强员工培训与发展

组织应投资于员工的培训与发展，提高员工的综合素质和适应能力。这不仅包括技术培训，还包括领导力培养、团队协作等方面，以确保员工具备更好地适应变化的能力。

内外环境的变化是不可避免的，而组织如何应对这些变化则显得至关重要。有效的管理应对机制不仅可以帮助组织更好地适应变化，还能够在变化中找到机遇，取得竞争优势。通过建立敏感的监测机制、制定灵活的战略规划、推动组织文化变革等手段，组织可以更好地应对内外环境的不断变化，实现长期的可持续发展。

第三章　高等教育管理体制

第一节　高等教育管理体制概述

一、体制的定义与构成要素

体制是一个涵盖广泛领域的概念，通常用于描述一个组织、社会或国家内部的结构、机制和规则。体制的定义和构成要素因其应用领域而有所不同，可以涉及政治、经济、文化、教育等多个方面。在这里，我将以较为综合的角度，围绕体制的定义和构成要素展开，并深入讨论其在不同领域中的具体体现。

（一）体制的定义

体制是一个相对稳定和有序的组织结构，旨在规范和引导各种活动，以实现某种目标或理念。它是社会组织和运作的框架，包括了一系列相互关联的规则、制度、权力关系和价值观念。体制在不同的领域中有不同的表现，可以是政治体制、经济体制、文化体制等。

（二）体制的构成要素

1. 规则和法律

体制的基础构成要素之一是规则和法律。这些规则和法律可以是明义规定的，也可以是一种默契或习惯性的行为准则。法律体系规定了权利和义务，为社会提供了一个共同的行为准则，确保各种活动在法律框架内进行。

2. 组织结构

体制通常包括一套组织结构，确定了不同组织之间的关系和职责。政治体制中可能包括行政机构、立法机构和司法机构，而经济体制中可能包括政府部门、企业和市场机制。这些组织结构的设立旨在协调和管理各方的行为。

3. 权力关系

体制涉及权力的分配和运作。政治体制中的权力关系通常包括国家机构之间的权力划分，而经济体制中则涉及企业、政府和市场之间的权力关系。权力的合理分配和有效运作是体制正常运转的关键。

4. 价值观念

体制中的价值观念反映了社会的核心价值和信仰体系。这些价值观念在政治、文化和社会层面起到引导和规范作用。例如，一个国家的政治体制可能基于民主价值观，而文化体制可能强调某种宗教或思想体系。

5. 经济机制

经济体制中的经济机制是体制的一个重要组成部分。不同的国家和社会可能采用不同的经济模式，如市场经济、计划经济或混合经济。经济机制决定了资源的配置方式、产权关系和市场运作规则。

6. 文化传统

文化体制涉及社会的文化传统、价值观和社会习俗。这些因素在塑造社会行为和组织结构方面起到至关重要的作用。文化体制可以通过教育、传媒和宗教等途径传递和弘扬。

7. 社会制度

体制还包括一系列社会制度，如教育制度、医疗制度、社会保障制度等。

这些制度通过提供服务和保障，为社会成员提供了基本的生活条件和发展机会。

（三）不同领域间的体制

1. 政治体制

政治体制包括国家机构的组织结构、权力分配和政治文化。不同国家可能有不同的政治体制，如民主制度、专制制度或君主制度。政治体制的性质将直接影响国家的政治发展和社会稳定。

2. 经济体制

经济体制涉及资源配置、生产关系和市场机制。市场经济体制强调市场在资源配置中的作用，而计划经济体制则由政府集中决策。不同的经济体制将影响国家的经济增长、社会公平和创新能力。

3. 文化体制

文化体制包括教育、传媒、艺术和宗教等方面的组织结构和运作规则。文化体制的特征将塑造社会成员的价值观念、认同感和思维方式，对社会的发展产生深远影响。

4. 社会体制

社会体制包括社会制度、救助体系和社会服务。这些体制的建设直接关系到社会的稳定和人民的福祉。例如，社会保障体制通过提供医疗、养老和失业保险，保障了社会成员的基本生活需求。

综上所述，体制是一个多层次、多方面的概念，其构成要素涵盖了规则、组织结构、权力关系、价值观念、经济机制、文化传统和社会制度等多个方面。这些构成要素相互交织、相互作用，共同塑造了一个社会的运行方式和发展方向。

二、高等教育管理体制的历史演变

中国的高等教育管理体制经历了漫长的历史演变，受到政治、经济和社会变革的深刻影响。以下是对中国高等教育管理体制历史演变的较为详细的探讨：

（一）早期历史（古代至清朝末期）

在中国古代，高等教育主要由太学、国子监等官方机构提供。这些机构设在首都或各地重要城市，培养精英阶层的官员和学者。太学是封建王朝设立的最高学府，教育内容以儒家经典为主。

在清朝末期，中国面临内忧外患，知识分子纷纷呼吁变革。康有为、梁启超等人提倡变法图强，其中就包括对教育体制的改革。这一时期见证了近代中国高等教育的初步变革动向。

（二）近代初期（清朝末年至民国时期）

清朝灭亡后，辛亥革命爆发，宣告了封建帝制的结束。在辛亥革命后，中国迎来了近代初期的高等教育改革。

变法时期的努力：辛亥革命后，清朝政府尝试进行一系列的变法，其中包括对教育体制的改革。兴办新学，提倡西学，试图引入现代科学和技术知识。

学堂制度：民国成立后，国民政府进　步推动了教育改革。在学堂制度下，高等教育逐渐从封建的太学制度中解脱出来，开始形成更为灵活的教育体系。

西学东渐：民国时期，中国政府鼓励留学生赴西方国家学习，并引进西方的教育理念和体制。这为后来的高等教育改革奠定了基础。

（三）共产党执政初期（1949年至1978年）

1949年中华人民共和国成立后，中国的高等教育管理体制经历了深刻的变革。主要特点包括：

大学合并与调整：在新中国成立初期，许多大学进行了合并和调整，以适应当时国家的需要。大学的组织结构和专业设置经历了一系列的调整。

社会主义教育体制建立：1952 年，全国高等教育进行全面的改革，建立了社会主义教育体制。高校实行工农兵学员与知识分子学员相结合的招生制度，使高等教育更加普及。

思想政治教育：在这一时期，高校加强了对学生的思想政治教育，强调马克思主义理论的学习，推动意识形态的统一。

（四）改革开放时期（1978 年至今）

1978 年，中国启动了改革开放政策，经济体制发生了深刻的变革，高等教育管理体制也在此时发生了显著变革。

恢复高考与普及教育：1977 年，高考恢复，结束了文革时期对高等教育的中断。高等教育进入了普及的时代，大量农村和城市的青年进入高校。

学科体系改革：随着改革的深入，中国的高等教育学科体系进行了调整和改革，涌现出了一大批优秀的学科和专业。

引进国外管理经验：为了适应市场经济和全球化的趋势，中国高校开始引进国外的管理经验，包括大学治理结构、财务管理等方面的体制改革。

加强科研导向：在改革开放的背景下，中国高等教育逐渐加强了对科研的导向，提高了科研水平，培养了一大批优秀的科研人才。

多元化办学体制：随着社会对多元化人才需求的不断增加，中国的高等教育体制进一步多元化，涌现出了综合性大学、工科院校、艺术院校等不同类型的高校。

（五）21 世纪以来的发展

在 21 世纪初，中国的高等教育继续面临新的挑战和机遇。主要特点包括：

创新与创业教育：面对知识经济和创新驱动发展的新时代要求，中国高校逐渐加强了创新与创业教育，培养具有创新能力的学生，推动科技创新和产业升级。

国际化发展：中国高等教育在国际舞台上逐渐崭露头角。越来越多的中国大学加强了与国外高校的合作，推动国际学术研究与交流，吸引了一大批国际学生。

高校管理现代化：高校管理体制逐渐朝着现代化方向发展。数字化、信息化等技术在高校管理中得到广泛应用，提高了管理的效率和透明度。

质量评估与保障：中国高等教育体制逐渐建立了质量评估与保障机制，推动高校提高教学质量和科研水平。学科评估、学科竞赛等成为高校内部评价的重要标准。

人才培养模式创新：针对社会对复合型人才的需求，高校开始探索人才培养模式的创新。注重培养学生的实际应用能力、团队协作精神和创新思维。

产学研结合：为促进科技创新和产业升级，中国高校加强了与企业的合作，推动产学研结合。一些高校设立了科技园区，为科技企业提供支持和服务。

全球视野：中国高等教育管理体制逐渐拓展到全球。国际化的办学理念使得中国高校更加关注全球人才培养、国际学术交流和全球性的社会问题。

（六）挑战与未来发展

尽管中国的高等教育取得了显著的成就，但仍然面临一些挑战。

质量与公平：高等教育质量和资源分配的公平性仍然是一个亟待解决的问题。一些名校资源过度集中，地区间和城乡间的差距依然存在。

创新与人才培养：面对快速变化的社会需求，高校需要更加注重创新和实际应用能力的培养。人才培养模式需要更加贴近产业和社会的实际需求。

国际化水平：虽然中国的高校在国际上取得了一些成绩，但在国际一流大学的排名中仍有一定差距。提升国际化水平需要更多的国际合作与交流。

管理体制创新：高等教育管理体制需要更加灵活、高效、符合市场经济规律。推动管理体制的创新，提高高校治理水平，是未来的发展方向。

信息化建设：高校在信息化建设上仍有提升的空间，包括教务管理系统、科研信息化平台等。更好地应用信息技术，提高高校管理效率。

总体而言，中国高等教育管理体制在长期发展中取得了显著成就，经历了由封建时期到改革开放时期的深刻演变。在未来，高等教育体制需要持续创新，适应社会的快速变化，更好地服务于国家的发展需求。

第二节　国外的高等教育管理体制

一、欧美国家的高等教育管理模式

欧美国家的高等教育管理模式在世界范围内备受关注，其特点包括多元性、自主性、市场化和强调科研创新。以下是对欧美国家高等教育管理模式的详细分析：

（一）英国的高等教育管理模式

分散自治：英国的高等教育管理体系具有分散自治的特点。大学享有相当程度的学术和财政自主权，根据《大学章程》组织管理，校董事会在学术事务和财务决策上发挥关键作用。

中央集权与分散管理：英国政府对高等教育有一定的中央集权，但各大学受到政府的资助，并通过自主设定学费、招生计划等方式实现一定的分散管理。

学术自由：学术自由是英国高等教育的核心价值观，教师在学术研究和教学方面拥有较大的自主权。大学注重培养学生的批判性思维和创新能力。

市场导向：英国的高等教育市场化相对较强。学费的自主设定、大学之间的激烈竞争，以及排名和评估机构的存在都促使大学更加注重教学质量和学生体验。

研究重视：英国大学普遍强调研究，大量投入到科研领域，一些大学因其研究实力而声名远扬。研究评估和资金分配等机制也在一定程度上推动了科研创新。

（二）美国的高等教育管理模式

分权与多元：美国的高等教育管理体系高度分权，联邦政府、州政府和大学三级各负一部分责任。大学享有广泛的学术和财务自主权，校董事会在大学治理中发挥关键作用。

市场导向：美国高等教育市场化程度较高。学费由学校自主设定，学生可以通过选择学校、专业等来实现个性化的教育路径。竞争机制推动了高校提高教学质量和服务水平。

综合大学制度：美国以其独特的综合大学制度著称，大学通常同时拥有本科和研究生院。这种综合性的体制有利于培养全面发展的人才，同时促进学术研究和科研创新。

学术自由：学术自由是美国高等教育的核心原则之一。教师在学术研究和教学方面拥有极大的自主权，校内言论自由也受到保障。

研究导向：美国的高等教育强调研究导向，注重培养具有创新能力和研究素养的学生。科研项目的多样性和资金的广泛来源推动了美国高校的研究水平。

（三）德国的高等教育管理模式

联邦制度：德国的高等教育管理体系是联邦制的，由 16 个联邦州负责管理。各州在高等教育政策和资金分配上拥有较大的自主权，形成了分散管理的格局。

学术自由：德国强调学术自由，大学教授在学术研究和教学方面有很大的自主权。这有助于培养独立思考和创新精神的学生。

双轨制：德国高等教育采用双轨制，包括大学（Universität）和应用科学大学（Fachhochschule）。大学侧重理论研究和科研，而应用科学大学更注重实践应用。

免费或低学费：在德国，大部分的高等教育是免费的，或者学费相对较低。政府通过税收和资助来支持高等教育，保障了学生的平等获取机会。

（四）瑞典的高等教育管理模式

去中心化和平等：瑞典的高等教育管理体制相对去中心化，大学享有较大的自主权。政府通过提供资金和法规来支持大学，但对大学的干预相对较少。

平等原则：瑞典高等教育体制强调平等，努力确保每个人都能够接受高质量的教育。学术自由和民主决策：学术自由在瑞典高等教育中被视为核心价值。大学内部的决策通常采用民主的方式，教师和学生有权参与学校的管理和决策过程。

强调实践和实用性：瑞典的高等教育注重实践和实用性，试图培养学生的实际应用能力。与传统的理论学科相比，瑞典大学更注重跨学科的合作和实际问题的解决。

国际化：瑞典高等教育系统非常国际化，大学通常使用英语授课，并鼓励国际学生和教师的参与。这有助于提高学校的国际声誉和培养全球视野的学生。

（五）法国的高等教育管理模式

中央集权和分层次管理：法国的高等教育体系由中央政府负责管理，法国教育部在整体规划和政策制定中发挥关键作用。大学被分为不同的层次，包括大学、工程学院和商学院等，每个层次有相对独立的管理体系。

学科多元：法国高等教育体系注重学科的多元性，通过各类学校的差异化设置满足不同领域和层次的需求。这种多元性有助于培养不同专业领域的人才。

普及性教育：法国高等教育体系强调普及性，努力确保高等教育的平等机会。法国政府通过设定固定的学费标准和提供奖学金等方式，鼓励更多学生进入高等教育。

高等教育研究与科研机构：法国拥有一流的高等教育研究机构，如巴黎高等师范学校等。此外，法国注重研究与科研，大学与国家研究机构有着紧密的合作关系。

强调学术传统：法国的高等教育强调学术传统，注重理论研究。学术自由和学术传统在法国的高校中占有重要地位。

（六）荷兰的高等教育管理模式

分权与自治：荷兰的高等教育体系注重分权和自治。大学享有相当程度的学术和财务自主权，大学理事会在学术事务和财务管理中发挥重要作用。

实用性和国际化：荷兰的高等教育注重实用性和国际化。实用性体现在教育内容的实际应用和培养学生的实际技能上，而国际化则体现在使用英语授课、吸引国际学生和推动国际合作等方面。

学分制度：荷兰采用学分制度，学生在完成一定学分后可以获得学位。这种制度灵活，允许学生根据个人兴趣和需求选择课程，促进个性化学习。

博士研究生培养：荷兰的博士研究生培养注重独立研究和创新能力的培养。博士项目通常较为灵活，注重学生的研究兴趣和实际项目。

行业合作：荷兰大学与产业界有着密切的合作关系，促进学术研究与产业应用的结合。这有助于培养符合市场需求的人才。

这些国家的高等教育管理模式呈现出丰富的多样性，各自在自主性、实用性、国际化等方面有不同的侧重点。这也为其他国家和地区的高等教育管理提供了一些有益的经验和启示。在全球化的时代，不同国家之间的高等教育管理也存在相互借鉴和合作的可能性，以共同推动高等教育的发展。

二、高等教育国际化趋势对体制的影响

高等教育国际化是当前全球教育领域的一个显著趋势，它不仅反映了国际社会的共同愿望，也是面对全球化挑战的一种应对方式。国际化的高等教育体现在多个方面，包括学术研究的国际合作、留学生与外籍教师的增多、英语作为教学语言的普及等。这一趋势对高等教育的体制产生了深远的影响，涉及治理结构、招生政策、课程设置、学术评价等多个层面。下面将从国际化的定义、推动因素、具体表现出发，深入探讨高等教育国际化趋势对体制的影响，并分析在这一趋势下高等教育体制需要如何创新和适应。

（一）高等教育国际化的定义与推动因素

1. 高等教育国际化的定义

高等教育国际化是指高等教育机构在全球范围内积极参与国际学术研究、促进国际学生和教师的流动、推动国际课程合作、加强国际交流与合作的过程。它旨在提升教育质量、促进学术研究与创新、培养全球视野的人才。

2. 高等教育国际化的推动因素

全球化趋势：全球化的发展使得信息、人员和资本更加容易流动，高等教育机构逐渐认识到与国际接轨的重要性。

国际合作的需求：解决全球性问题需要国际合作，高校之间的国际合作成为推动科研创新和学术交流的有效途径。

经济全球化：高等教育在国家经济中的地位愈发重要，为了培养具有全球竞争力的人才，高校需要加强国际合作与交流。

国际竞争：高等教育机构之间的竞争也推动了国际化的趋势，通过提高国际声誉吸引更多国际学生和顶尖教师。

（二）高等教育国际化的具体表现

国际化的学术研究合作：学术研究是高等教育的核心，国际化体现在高

校之间的学术合作、联合科研项目的开展、国际学术期刊的出版等方面。通过跨国合作，高校可以充分利用全球范围内的研究资源，提高研究水平。

留学生与外籍教师的增多：随着国际化的推进，各国高校纷纷增加招收留学生的规模，同时引进外籍教师。这不仅丰富了校园文化，也为本地学生提供了更多与国际学生和教师交流的机会。

国际课程合作与双学位项目：高校之间开展国际课程合作，推动双学位项目的设立，使学生能够在跨国环境中获得更广泛的教育背景。

英语作为教学语言的普及：为了适应国际学术环境，越来越多的高校将英语作为主要的教学语言。这有助于吸引更多国际学生，同时提升本地学生的英语水平，增加其国际竞争力。

国际性学术评价与排名：国际性的学术评价和排名成为衡量高校水平的重要指标，高校纷纷努力提高国际影响力，参与国际性的学术评估和排名。

（三）高等教育国际化趋势对体制的影响

治理结构的调整：高等教育国际化需要更灵活、更开放的治理结构。传统的单一领导模式可能不再适应，需要引入更多的参与机制，促使各个层面更好地适应国际化的要求。

招生政策的变革：高等教育国际化推动了招生政策的变革。一方面，增加留学生招生比例；另一方面，鼓励本地学生参与国际交流项目，提升他们的国际竞争力。

课程设置的优化：国际化趋势对高等教育的课程设置提出了更高的要求。需要开设更多国际化的课程，涵盖跨学科领域，提供更多的英语授课课程，并鼓励学生参与国际交流与实践活动，培养全球化背景下所需的综合素养。

学术评价的国际标准：高等教育国际化要求学术评价与排名更具国际竞争力。因此，学术评价体系需要更加注重国际性的标准和指标，以便更好地反映高校在国际上的声誉和影响力。

国际间的合作网络：国际化的高等教育推动了高校之间建立更为紧密的国际合作网络。这不仅包括学术合作与科研项目，还包括联合培养项目、学生交流项目等。高校需要更好地融入全球合作网络，共同应对全球性挑战。

文化融合与多元化：高等教育国际化推动了文化融合与多元化。在招收国际学生的同时，高校也需要关注本地学生与国际学生之间的文化差异，创造一个包容多元文化的学术环境。

创新与实践导向：国际化的趋势要求高等教育更加注重创新和实践导向。培养具有实际应用能力、创新意识和国际竞争力的人才，成为高等教育体制发展的重要方向。

信息科技与在线教育：国际化的高等教育推动了信息科技在教育中的广泛应用，促使高校开发更多在线教育课程。这种教育模式既满足了学生的灵活需求，也促进了跨国交流。

（四）高等教育体制的创新与适应

推动国际合作与交流机制：高等教育体制需要建立更加便捷的国际合作与交流机制，包括简化国际合作协议的流程、加强对外交流的组织与管理等，以提高合作效率。

建立国际化教育管理机构：高校可以设立专门的国际事务部门，负责国际合作、留学生管理、国际课程设计等相关工作，从而更好地推动国际化进程。

加强师资队伍建设：国际化要求高校拥有具有国际视野的师资队伍。高等教育体制需要提供更多的培训机会，支持教师参与国际合作与交流，提升他们的国际竞争力。

灵活调整招生政策：高等教育体制需要灵活调整招生政策，增加留学生的招生比例，同时鼓励本地学生参与国际交流项目，提高其国际竞争力。

建立全球性学术评价标准：学术评价体系需要更加注重国际性的标准和指标，建立全球性的学术评价标准，以更准确地衡量高校在国际上的学术水平和影响力。这包括在国际学术刊物上的发表情况、国际学术大会的参与度等。

深化在线教育发展：创新教育方式，深化在线教育发展，以适应学生的灵活需求。高等教育体制可以加大对在线教育的支持，提供相应的技术和资源支持，促进在线国际合作项目的开展。

加强国际学术交流平台：建设更加开放的学术交流平台，提供更多的国际学术活动，包括国际学术会议、研讨会、学术讲座等，促进学术交流与合作。

提高国际竞争力：高等教育体制需要积极提升高校的国际竞争力，包括提升学校的国际排名、增强学科的国际影响力、吸引国际知名教授等，以提高学校在全球范围内的声誉。

拓宽国际合作领域：除了传统的学术合作，高等教育体制还需要拓宽国际合作的领域，包括科研合作、人才培养合作、创新创业合作等，实现全方位的国际化发展。

国际化人才培养：高等教育体制需要更新人才培养模式，注重培养具有国际背景和国际竞争力的优秀人才。加强国际化课程设置，提供更多的国际实习机会，培养具有跨文化沟通能力的专业人才。

（五）面临的挑战与应对策略

文化差异与融合：高等教育国际化过程中，文化差异可能导致理解障碍和冲突。体制需要提供文化融合的平台，促使多元文化共存，并加强国际学生的文化适应培训。

资源不均与可持续发展：一些国家和地区高等教育资源分布不均，国际化可能加剧资源的不平衡。体制需要制定政策，促进资源的均衡分配，确保高等教育的可持续发展。

语言障碍与教学质量：以英语为主要教学语言可能造成语言障碍，影响教学质量。高等教育体制需要提供专业的语言培训支持，确保学生在语言环境中能够更好地学习。

国际交流安全问题：随着国际交流的增加，安全问题也可能成为一大隐患。高等教育体制需要制定完善的安全保障机制，确保学生在国际范围内的安全。

国际学术标准认同：高等教育国际化要求更多地遵循国际学术标准，但不同国家的学术体系存在差异。体制需要加强与国际学术界的对话，逐步实现学术标准的认同与融合。

在线教育质量保障：随着在线教育的发展，质量问题成为关注的焦点。高等教育体制需要建立有效的质量监控机制，确保在线教育的质量和效果。

人才培养目标与社会需求：国际化的人才培养需要更好地与社会需求相匹配，确保培养出的专业人才更好地适应全球化背景下的职业发展。

高等教育国际化是当今世界教育领域的一项重要趋势，对高等教育体制产生了深远的影响。国际化不仅是学术研究合作、学生与教师的流动，更是一场对高等教育体制的全方位挑战。体制需要在治理结构、招生政策、课程设置、学术评价等方面进行创新与调整，以适应全球化的需求。

在面对国际化趋势时，高等教育体制应积极倡导开放、合作、创新的精神，努力构建更加灵活、包容、适应变化的管理机制。通过建设全球性的学术交流平台、深化国际合作网络、加强在线教育等方式，实现资源共享、合作共赢。

同时，高等教育体制也需要关注社会的多元需求，确保人才培养目标与社会发展需求相一致。面对文化差异、语言障碍、安全问题等挑战，体制需要提供全方位的支持和服务，帮助学生更好地适应国际化的学习环境。

总体而言，高等教育国际化趋势对体制提出了更高的要求，但也为高校的发展带来了更多的机遇。通过积极应对挑战、推动创新发展，高等教育体制将更好地适应全球化的大环境，为培养具有全球视野的高素质人才做出积极贡献。

第四章　我国高等教育管理的现状

第一节　当前我国高等教育管理的
现状与存在的问题

一、学术独立性与行政过度干预

学术独立性是高等教育和科研领域中一项重要的原则，它强调学者在进行研究和教学时应当保持独立的思考和行动。然而，在一些情况下，行政过度干预可能威胁到学术独立性，影响科研和教育的自由。下面将探讨学术独立性的概念、意义，以及行政过度干预对学术独立性可能带来的影响，并探讨如何维护和促进学术独立性。

（一）学术独立性的概念与意义

学术独立性的定义：学术独立性是指学者在进行学术研究和教学时，不受外界干预或控制，能够自由选择研究方向、开展学术活动，并在学术评价中享有公正和客观的对待。学术独立性是学术自由的基石，保障了学者在追求真理、创新知识的过程中不受非学术因素的干扰。

学术独立性的意义：学术独立性对于科研和教育的发展具有深远的意

139

义。首先，它为学者提供了追求真理和创新的空间，推动了科学知识的不断进步。其次，学术独立性有助于维护学术品质，避免因外部压力而导致研究的偏颇或失真。最后，学术独立性是吸引高水平人才的重要因素，因为他们需要在自由的学术环境中发挥个人创造力和潜力。

（二）行政过度干预的表现和影响

行政过度干预的表现：行政过度干预指的是行政机关在高校和科研机构内部，通过各种手段对学术活动和研究进行干预或者控制。这可能表现为政治干预，即政府或机构对特定学术观点进行干预；行政管理层介入学术决策，干扰学术评价和聘任程序；以及资金、项目分配中存在的行政指导或者特定要求。

影响学术独立性的途径：

破坏学术决策机制：行政过度干预可能导致学术决策机制的破坏，使得学术评价、聘任和晋升等过程受到非学术因素的左右，阻碍了学术的自由和公正。

限制研究自由：行政过度干预可能通过限制特定领域或主题的研究资金、资源，或者设定研究方向的限制，影响学者的研究自由，削弱了科学研究的深度和广度。

影响学术成果发布：行政过度干预可能通过对学术期刊、出版社的掌控，干扰学术成果的发布和传播，限制学者在学术社区中的影响力。

（三）维护学术独立性的方法

建立健全的学术管理体系：高校和科研机构应建立健全的学术管理体系，确保学术评价、晋升和聘任等决策过程的公正性和透明度，减少行政过度干预的可能性。

推动学术自律：学者应当自觉遵循学术道德规范，弘扬学术自律精神，不受外部压力左右。学术界应建立自我监督机制，对学术不端行为进行有效的制约和处罚。

加强法制建设：完善相关法律法规，保障学者的学术自由和独立性。法律法规的建设应既包括学术权利的保护，也包括对违法行为的惩处机制，以确保学术独立性得到切实的法律保障。

加强对外交流与合作：扩大国际学术交流，促进各国学者之间的互相理解和尊重，使学术活动更多地受到国际学术共同体的监督和影响。

（四）学术独立性与社会责任的平衡

学术独立性与社会责任的关系：学者在追求学术独立性的同时，也应当充分意识到自身的社会责任。学术独立性并不意味着与社会隔绝，而是要在维护学术自由的基础上，更加积极地履行社会责任。学者既要追求学术真理，也要关注社会问题，为社会进步和人类福祉作出积极贡献。

平衡的实现：学者既要保持对学术研究的独立追求，又要在学术成果的应用和传播中发挥积极作用。这需要在学者的培养、评价和激励机制中找到平衡点，鼓励学者既关注基础研究，又关注解决社会问题。

倡导学术责任：学术机构和学术社团应当倡导学术责任，将社会责任融入学术活动的方方面面。通过建立与社会互动的平台，鼓励学者参与社会问题的解决，推动学术研究更好地服务社会发展。

（五）行政与学术的协同

明确职责分工：学术和行政在高校和科研机构中有着不同的职责和功能，需要明确职责分工。行政层面负责提供资源、管理事务，而学术层面负责研究和教学。明确的职责分工有助于避免行政对学术的过度干预。

加强协同合作：学术与行政之间应该加强协同合作，形成良好的互动机制。行政部门应该为学术活动提供必要的支持和服务，而学术部门则需要配合行政的管理和规范。

建立有效沟通机制：学术和行政之间需要建立有效的沟通机制，确保信息传递的透明和及时。通过定期的会议、座谈、沟通渠道，保障学术和行政之间的互动，减少不必要的误解和冲突。

在当今高度复杂和变化的社会环境中，学术独立性的维护成为保障科研和教育质量的重要前提。然而，行政过度干预的现象时有发生，给学术独立性带来威胁。为了更好地平衡学术独立性与社会责任、行政与学术之间的关系，需要各方共同努力，建立健全的管理体制、法制保障和文化氛围。

未来，应该加强对学术独立性的法制保障，明确学术自由的边界和底线。学术界要加强自律，形成共识，防范行政过度干预的可能性。高校和科研机构需要建立更为透明、公正的管理机制，确保决策过程的公开和公正。同时，学者应该在追求学术独立性的同时，认识到社会责任的重要性，积极参与社会问题的解决，促进学术与社会的良性互动。

通过共同的努力，我们可以构建更加健康、稳固的学术生态，使学术独立性在社会责任和行政协同的平衡中得到更好的体现。这不仅有助于提升学术水平和创新能力，也能够更好地为社会服务、为国家发展作出更大的贡献。

二、资源配置不均与质量参差不齐

资源配置不均与质量参差不齐是当今高等教育领域面临的重要问题之一。在全球范围内，不同地区、不同院校之间存在着巨大的资源差距，导致了教育质量的参差不齐。这一现象不仅影响了教育公平，也影响了人才培养和科研创新。下面将深入探讨资源配置不均和质量参差不齐的原因、影响，以及应对策略，以期为构建更为公正、高效的高等教育体系提供一些建议。

（一）资源配置不均的原因

财政投入不均：不同地区的财政实力存在较大差异，导致了高校之间的财政投入不均。一些发达地区的高校拥有更多的财政支持，而一些贫困地区的高校则面临着严重的资金短缺。

政策倾斜和地区差异：一些国家或地区可能会通过政策倾斜来支持一些

特定的高校，导致了不同高校之间的资源配置不均。地方经济发展水平和政府重视程度也会对高校资源分配造成影响。

社会捐赠和产业支持：部分高校依赖社会捐赠和产业支持来获取额外的资金，而这种支持往往更容易流向知名高校，加剧了资源的不均衡。

校际竞争：在一些地区，高校之间存在激烈的竞争，为了争夺更多资源，一些高校可能采取不正当手段，导致了资源配置的不均。

（二）质量参差不齐的表现

师资力量不足：一些高校由于财政问题或地理位置的原因，难以吸引和留住高水平的师资力量，导致了师资力量不足的问题。

实验室设备和科研条件不足：部分高校缺乏足够的实验室设备和科研条件，限制了科研创新的发展，导致了质量不高的教学和科研成果。

教学资源不平衡：一些高校由于资源有限，难以提供丰富的教学资源，导致了教学内容的贫乏和质量的不均衡。

学科结构不合理：部分高校的学科结构可能相对单一，缺乏多元化的学科设置，这影响了人才培养的全面性和灵活性。

（三）资源配置不均与质量参差不齐的影响

加剧社会不平等：资源配置不均导致了教育资源的不平等分配，加剧了社会的阶层分化，使一些弱势群体更难以享受到优质的教育资源。

影响人才培养质量：质量参差不齐的高等教育无法提供一流的教学和研究环境，影响了人才培养的质量和竞争力。

制约科研创新：高校在科研方面缺乏足够的资源支持，难以进行深入的科研探索，制约了科研创新的发展。

社会经济发展不均衡：高等教育质量的不均衡会导致人才流动不畅，使得一些地区在人才和科技创新方面相对滞后，影响了社会经济的全面发展。

（四）应对策略

加大政府财政支持：政府应当加大对教育事业的财政支持力度，确保各个高校都能够获得公平的财政投入，缩小高校之间的资源差距。

建立公平的评价机制：建立科学、公正、透明的高校评价体系，确保高校的质量评价不仅仅基于知名度和声望，更要充分考虑教学、科研、社会服务等多个方面的表现。

推动产业与高校合作：政府可以通过引导和推动产业向高校提供支持，促使高校更好地融入产业发展，吸引更多的资源用于科研和人才培养。

强化师资队伍建设：高校应当加大对师资队伍的培养和引进力度，确保高校拥有优秀的师资队伍。这包括提供更多的培训机会、改善工作条件、提高薪酬待遇等，以吸引和留住高水平的教学和科研人才。

推动国际合作与交流：加强国际合作与交流，引进国际先进的教育理念、科研技术和管理经验，提升高校的国际化水平，促进资源共享和互通有无。

建立科研共享平台：创立科研共享平台，通过合理规划、整合高校之间的研究资源，降低科研成本，提高研究效益，促进科研创新。

完善人才培养体系：创新人才培养体系，注重培养具有实际应用能力、创新创业精神的人才，使毕业生更好地适应社会需求。

加强社会参与与反馈：高校应当积极参与社会服务，为社会提供专业知识和技术支持，同时加强与社会的互动，接受来自社会的评价与反馈，不断改进自身的办学质量。

资源配置不均与质量参差不齐是当前高等教育领域亟待解决的问题。这一问题不仅关系到高校的发展，更影响着社会的公平和经济的可持续发展。政府、高校、社会各方都需要共同努力，采取有效措施，推动高等教育资源的均衡配置和教育质量的整体提升。

未来，应加强国际经验的学习与借鉴，通过引进先进的教育理念和管理经验，不断优化高校的组织结构和管理机制。同时，政府要加入对教育事业的支持力度，建立科学的高校评价机制，确保资源合理分配。高校要积极主动地加强与产业、社会的合作，提升学校的社会服务水平，实现学校与社会的共赢。

通过共同努力，我们可以期待一个更加公平、高效、具有国际竞争力的高等教育体系的建立，为培养更多高素质人才、推动科研创新和促进社会进步做出更大贡献。

三、评价指标体系与绩效考核的问题

在组织管理中，评价指标体系与绩效考核是重要的管理工具，它们对于激励员工、提高组织效能，以及实现战略目标具有重要作用。然而，评价指标体系与绩效考核也面临着一系列的问题与挑战。下面将围绕评价指标体系与绩效考核存在的问题展开讨论，分析其原因，并提出相应的改进策略。

（一）评价指标体系的问题

过度指标化：一些组织在建立评价指标体系时往往过度强调量化指标，忽视了质性因素。这导致了评价体系缺乏全面性，难以全面反映员工或组织的真实绩效。

指标选择不当：在建立评价指标体系时，一些组织可能选择了与组织战略不符或者无法衡量真实业绩的指标。这种情况下，评价结果可能不准确，无法为绩效管理提供有效的指导。

难以量化的职能评估：对于一些职能性质的工作，如创新、团队协作等，难以采用明确的量化指标进行评估。此时，常规的评价指标体系难以完全覆盖，导致职能性质的绩效评估存在困难。

（二）绩效考核的问题

单一的绩效评价：一些组织将绩效考核仅仅视为对员工工作业绩的评估，忽略了对员工全面素质、潜力，以及员工在团队中的角色等方面的评估。

这容易导致评价结果的片面性。

过度依赖定量指标：在绩效考核中，一些组织过度依赖定量指标，而忽视了员工在工作中展现出的创新能力、领导力等难以用数字化指标衡量的重要素质。

缺乏持续反馈：传统的绩效考核往往以年度为周期，缺乏及时的、持续的反馈机制。这样的机制使得员工在整个工作年度中难以及时了解自己的绩效状况，也难以进行及时调整和改进。

（三）问题原因分析

管理理念不适应：一些组织仍然受到传统的管理理念的束缚，认为通过定量指标和年度考核可以有效管理员工。这导致了对于灵活性和全面性考核方法的忽视。

技术手段滞后：一些组织在绩效考核中采用的技术手段相对滞后，难以应对现代工作方式的多样性和复杂性。缺乏有效的信息技术支持也是导致绩效考核问题的原因之一。

组织文化不支持：如果组织文化不注重员工的全面发展和创新，而更偏向于传统的管理观念，那么建立创新性、全面性的评价指标体系和绩效考核机制将面临巨大阻力。

（四）改进策略

建立多维度的评价指标体系：引入多元化、多维度的指标，包括定量指标和定性指标，以全面评估员工的工作业绩、团队协作能力、创新能力等。这有助于更准确地反映员工的整体绩效。

灵活运用定量和定性指标：在使用定量指标时，要确保其科学合理，能够真实地反映员工的工作情况。同时，要注重对于定性指标的运用，关注员工的创新、领导力等软技能。

采用持续反馈机制：建立更加灵活的绩效考核机制，引入持续反馈的概念。通过实时或定期的反馈，帮助员工了解自己的绩效状况，及时调整工作方向，促使员工在工作中不断改进和成长。

引入新技术支持：利用先进的信息技术，如大数据分析、人工智能等，提高绩效考核的科学性和准确性。新技术可以更好地帮助组织了解员工的工作状态和潜力，为个性化的绩效考核提供支持。

建立学习型组织文化：促使组织朝着学习型组织发展，鼓励员工不断学习、创新。这有助于改变组织对于绩效考核的看法，将其视为促进员工成长和组织发展的机制。

评价指标体系与绩效考核是组织管理中至关重要的组成部分，它们直接关系到员工的积极性、组织的效益，以及整体的竞争力。然而，在实践中，评价指标体系与绩效考核也面临着一系列的问题，需要通过不断地改进和创新来提升其效能。

第二节　当前我国高等教育管理出现问题的原因

一、制度设计与实际操作的脱节

在组织管理中，制度被视为组织的规范性框架，旨在引导和规范组织成员的行为。然而，在实际操作中，经常存在制度设计与实际操作的脱节现象，即制度难以在实践中得到有效执行。下面将深入分析制度设计与实际操作之间的脱节原因、影响，以及解决这一问题的策略和建议。

（一）脱节的原因

制度设计不科学：一些组织在制定制度时可能存在设计不科学的问题，例如制度过于烦琐、过于理想化、无法贴近实际操作。这使得员工在执行时感到困扰，难以有效遵循。

沟通不畅：制度的设计者与执行者之间缺乏充分的沟通和理解。当制度设计者未能深入了解实际操作的需求和挑战，制度就难以在实践中起到积极的引导作用。

执行力不足：一些组织缺乏有效的执行机制和监督体系，导致制度只停留在文字层面，缺乏实际的执行力。这使得制度难以在组织内得到贯彻执行。

变革阻力：制度的推行往往需要组织内部的变革，而员工对于变革往往存在抵触心理。缺乏对变革的支持和积极参与，制度的推行难以获得成功。

（二）脱节的影响

组织运转效率下降：制度的脱节导致员工在操作中存在不确定性和困扰，使得组织运转效率下降。员工可能会遇到制度的模糊地带，不清楚如何处理特殊情况，从而耗费额外的时间和精力。

员工积极性下降：制度脱节可能使得员工对组织的规范性产生怀疑，降低其对制度的信任感。这会导致员工的积极性下降，对制度执行缺乏主动性。

组织风险增加：制度的脱节使得组织更难应对风险。当员工不能正确理解和执行制度时，可能会导致违规行为的发生，从而增加组织面临的法律和经济风险。

组织文化瓦解：制度是组织文化的一部分，当制度无法在实践中得到执行时，组织的规范性和价值观可能会受到损害，导致组织文化的瓦解。

（三）解决策略和建议

科学合理的制度设计：制度设计应当符合组织的实际需求，既要有一定的理想性，又要能够贴近实际操作。设计者需要深入了解组织内部的运作机制和员工的工作特点，确保制度的科学性和可操作性。

加强沟通与参与：制度的设计和执行应该是一个沟通与参与的过程。组织应当建立多层次的沟通机制，确保设计者充分了解执行者的实际需求，同时也要鼓励员工参与到制度的设计和修改中来，增强制度的可行性。

　　强化执行机制：组织需要建立有效的执行机制和监督体系。这包括对制度执行的跟踪与评估，建立相应的激励与惩罚机制，确保制度在实践中得到切实的执行。

　　变革管理与培训：引入变革管理理念，对制度推行过程进行有效的变革管理。同时，为员工提供相应的培训，使其更好地理解和适应制度的变化，减轻变革的阻力。

　　建立学习型组织：组织应当倡导学习型组织的理念，鼓励员工不断学习和适应新的制度。建立学习型文化，使得员工能够更好地理解和执行制度。

　　定期审查和更新：制度应当是一个动态的体系，需要定期进行审查和更新。随着组织内外环境的变化，制度应当及时调整以适应新的需求。

　　制度设计与实际操作的脱节是组织管理中一个普遍存在的问题，解决这一问题需要综合运用科学的管理理念、有效的沟通机制、强有力的执行机制，以及灵活的变革管理策略。通过不断优化制度设计、加强组织内外的沟通、提高执行力和建设学习型组织，可以实现制度设计与实际操作的更好融合，从而推动组织更加健康、高效地运转。

　　未来，随着科技的发展和管理理念的不断演进，我们可以期待更多智能化、个性化的制度设计工具的应用，以及更为精细化、实时化的执行与监督机制的建立。这将有助于进一步提高制度的实际执行效果，推动组织在竞争激烈的环境中保持灵活性和创造力，实现可持续发展。

二、人才培养目标与社会需求的不匹配

　　人才培养是教育体系的核心任务之一，其目标在于培养适应社会需求的各类人才，推动社会的进步和发展。然而，随着社会的不断变革，人才培养目标与社会需求之间出现了不匹配的情况，这不仅影响了教育体系的效益，也制约了社会的可持续发展。下面将深入探讨人才培养目标与社会需求不匹配的原因、影响，以及解决这一问题的策略和建议。

（一）不匹配的原因

教育理念滞后：一些教育机构仍然沿用传统的教育理念，注重灌输知识，忽视培养学生的实际应用能力和创新精神。这使得毕业生在实际工作中面临与所学专业不匹配的问题。

课程设置与市场需求不符：部分高校设置的课程内容滞后于市场需求的变化，没有及时更新或调整。这导致毕业生在就业市场上缺乏竞争力，无法满足实际用人单位的需求。

评价体系不合理：一些教育机构过于注重学科知识的考核，而忽略了学生的实际技能和综合素质。这导致毕业生在求职过程中难以证明自己的实际能力，造成了人才培养目标与用人单位需求的脱节。

教育资源分配不均：一些地区或学校在教育资源上存在分配不均的情况，导致一些专业的培养水平相对滞后。这使得一些地方性的人才培养目标难以与全国范围内的社会需求相匹配。

（二）不匹配的影响

就业困难：人才培养目标与社会需求不匹配导致的一个主要问题是毕业生面临就业困难。由于缺乏实际技能和与市场需求相符的专业知识，毕业生往往难以找到适合的工作岗位。

社会资源浪费：部分毕业生在进入职场后可能需要进行额外的培训，以弥补高校教育中的不足。这不仅增加了社会的培训成本，也浪费了已有的教育资源。

产业结构不适应：人才培养目标与社会需求不匹配可能导致产业结构的不适应。某些领域由于缺乏对应的专业人才，无法满足社会的发展需求，造成产业结构的滞后。

社会进步缓慢：人才是社会进步的重要推动力量，而不匹配的人才培养目标可能导致社会在某些领域的技术、科学和创新能力的不足，影响整体社会的进步速度。

（三）解决策略和建议

更新教育理念：教育机构应及时更新教育理念，转变传统的灌输式教育为以学生为中心的教育。注重培养学生的创新能力、团队协作能力和实际应用能力，使教育更符合社会的实际需求。

灵活调整课程设置：高校应当根据市场需求的变化，灵活调整课程设置。引入前沿科技、新兴产业相关的课程，确保教学内容与社会需求保持同步。

建立综合素质评价体系：改革评价体系，不仅注重学科知识的考核，更要关注学生的实际能力、综合素质和创新能力。建立多元化的评价方式，包括项目实践、实习经验等。

加强区域协同发展：各地区高校应加强合作，共享教育资源，避免因地域原因导致人才培养目标与社会需求的不匹配。通过建立区域协同发展的机制，促进各地高校水平的均衡提升。

产学研结合：高校应加强与实际用人单位的合作，建立产学研结合的机制。通过与企业、科研机构的紧密合作，使人才培养更贴近实际需求，提高毕业生的就业竞争力。

定期调查市场需求：高校可以定期进行市场需求调查，了解社会对不同专业人才的需求变化。通过市场需求的及时了解，高校能够更灵活地调整人才培养目标，确保培养出更符合社会实际需求的专业人才。

强化实践教育：增加实践环节，让学生在实际工作中获得更多的经验。实践教育可以帮助学生更好地理解和应用所学知识，提高他们在职场中的适应能力。

提升教师素质：高校应注重提升教师的综合素质，包括教学水平、实践经验、对行业发展趋势的敏感度等。优秀的教师团队能够更好地引导学生，使他们更符合社会需求。

建立行业咨询机构：学校可以建立与各行业相关的咨询机构，定期与企业、行业协会等机构进行沟通，了解最新的产业发展趋势和对人才的需求。这有助于调整人才培养目标，使其更符合实际。

推动终身学习理念：高校应培养学生具备终身学习的能力，使其能够适应社会不断变化的需求。建立起终身学习的理念，使人才能够在职业生涯中不断自我提升，更好地适应社会的发展。

人才培养目标与社会需求的不匹配是当前教育领域面临的一项重要挑战。要解决这一问题，需要高校、政府和企业等多方共同努力。通过更新教育理念、调整课程设置、建立综合素质评价体系等措施，可以使人才培养更贴近社会实际需求。同时，强化实践教育、推动终身学习理念的落实，有助于培养更具适应性和创新性的人才。

未来，我们可以期待教育体系更加紧密地与社会需求相结合，更加注重学生实际能力的培养。随着科技的发展，虚拟现实、人工智能等技术的应用也将为人才培养提供更多可能性。通过各方共同努力，我们有信心解决当前人才培养目标与社会需求不匹配的问题，为社会的可持续发展贡献更多有力的人才资源。

三、政策法规与管理手段的不适应

政策法规与管理手段是社会治理的重要工具，对于组织和社会的正常运转具有重要的指导作用。然而，在实际操作中，政策法规与管理手段往往面临不适应的问题，即它们未能有效地适应社会变革和组织管理的需要，从而导致一系列管理上的困扰。下面将深入探讨政策法规与管理手段不适应的原因、影响，以及解决这一问题的策略和建议。

（一）不适应的原因

社会变革速度快：社会在不断发展变革，科技、经济、文化等领域的变革速度较快。政策法规与管理手段的更新相对滞后，无法及时跟上社会的发展步伐，导致管理体制与实际需求不匹配。

单一管理手段不足：有些政策法规与管理手段过于单一，无法灵活应对复杂多变的管理环境。缺乏多样性的管理手段使得在具体实践中难以解决复杂的管理问题。

政策法规矛盾交织：由于政策法规的制定涉及多个部门和层级，不同政策之间可能存在矛盾和冲突。这种矛盾交织使得在具体执行过程中难以明确操作指南，增加了管理的不确定性。

部门职责不明确：部门职责划分不明确可能导致政策的执行出现滞后、不协调等问题。不同部门在政策实施中可能出现责任推诿、协同不力等情况，使得政策无法有效地贯彻执行。

（二）不适应的影响

管理效率低下：政策法规和管理手段不适应导致管理体制僵化，管理效率降低。由于制度不够灵活，管理者在处理具体问题时可能会受到束缚，难以迅速做出决策。

企业创新受限：缺乏灵活性的管理手段使得企业在创新和变革方面受到限制。新兴产业和新业态的发展可能因为政策法规的不适应而受到制约，影响社会经济的创新发展。

员工积极性降低：部分过于烦琐和僵化的管理手段可能降低员工的积极性。员工在面对繁重的制度程序时可能感到困扰，影响他们对工作的投入和创造性的发挥。

社会不公平：不适应的政策法规可能导致社会资源分配不公平。某些群体可能因为政策的不适应而无法享有应有的福利，增加社会的不平等现象。

（三）解决策略和建议

建立灵活的管理机制：制定政策法规与管理手段时应该考虑到其灵活性，使得其能够适应社会变革的速度。建立更加灵活的管理机制，包括可调整的流程、适应性强的制度，以应对不断变化的管理环境。

　　强化政策法规的前瞻性：在政策法规的制定过程中，应该更加注重前瞻性，考虑到未来社会的发展趋势和可能出现的问题。避免政策法规在短时间内过时，提高其适应性。

　　优化部门职责：部门之间的职责应该明确，各个层级之间要形成协同工作的机制。避免政策法规在执行中因为职责不清晰而产生的问题，提高管理的效率。

　　推动科技与管理的结合：科技的发展为管理提供了新的手段，可以通过信息技术、人工智能等手段来提高管理的效率。推动科技与管理的结合，实现更加智能、高效的管理方式。

　　加强社会参与：在政策法规制定过程中，应该加强社会各界的参与，包括企业、学术界、公众等。多方参与有助于形成更为全面、科学的政策，提高其实际可行性。

　　建立全过程的监督机制：建立政策法规全过程的监督机制，包括制定、实施、评估等各个环节。通过全面监督，可以及时发现政策法规实施中存在的问题，有助于及时调整和优化。

　　培养管理者的综合素质：管理者需要具备较高的综合素质，包括对社会发展趋势的敏感度、问题解决的能力等。通过培训和提高管理者的综合素质，使其更能适应变化多端的管理环境，更好地应对政策法规的不适应问题。

　　开展政策法规的定期评估：定期对已有的政策法规进行评估，了解其实施效果和存在的问题。通过评估结果，及时对政策法规进行修订和优化，确保其持续适应社会的发展需要。

　　促进跨部门协作：加强不同部门之间的协作，建立跨部门的联动机制。这有助于政策法规的协同实施，减少不同政策之间的矛盾，提高社会治理的效能。

　　建立信息共享平台：建立政策法规实施信息的共享平台，使相关部门能够及时获取和分享信息。这有助于提高政策实施的效率，避免信息不畅通导致的管理困境。

政策法规与管理手段的不适应问题是社会治理中一个亟待解决的难题。通过建立灵活的管理机制、强化政策法规的前瞻性、优化部门职责、推动科技与管理的结合、加强社会参与、建立全过程的监督机制等策略，可以更好地应对这一问题。

未来，随着社会的不断发展和变革，我们需要更加注重政策法规与管理手段的灵活性和前瞻性。同时，科技的进步将为管理提供更多创新的手段，例如大数据分析、人工智能等，有望进一步提高管理的智能化水平。在全球化和信息化的趋势下，跨国合作、信息共享也将成为解决管理不适应问题的重要途径。通过全社会的共同努力，我们有望建立更加适应性强、高效智能的政策法规与管理手段体系，推动社会治理的不断创新和进步。

第五章　高等教育管理的改革

第一节　高等教育管理改革的背景和必要性

一、社会发展需求与管理改革的契机

社会的发展需求是管理改革的原动力，而管理改革则是满足这些需求的重要手段。随着时代的变迁，科技的进步，社会经济结构的调整，人们对管理的期望也发生了深刻的变化。下面将深入探讨社会发展需求与管理改革的契机，分析其相互关系，以及如何更好地借助这一契机推动管理改革，满足社会的发展需求。

（一）社会发展需求的变化

科技创新与信息化需求：随着科技的迅速发展，人们对于高科技、信息化的需求日益增长。社会需要更加智能、便捷、高效的管理手段来适应这一趋势，提高社会生产力和竞争力。

人才培养与人力资源管理需求：社会对高素质、复合型人才的需求日益增加。管理改革需要关注人才培养的质量和效率，以及更加灵活、智能的人力资源管理体系。

可持续发展与环境保护需求：面对资源的有限性和环境的日益严峻，社会对可持续发展和环境保护的需求逐渐凸显。管理改革应当关注绿色发展，推动企业和组织转向更为可持续的经营模式。

公平与社会正义需求：不断增长的社会负担、资源分配不均等问题使得人们对公平与社会正义的要求日益迫切。管理改革应致力于构建更为公正、透明的管理机制，维护社会的公平原则。

（二）管理改革的契机

信息技术的广泛应用：信息技术的迅猛发展为管理改革提供了前所未有的契机。大数据分析、人工智能、云计算等技术的应用，使得管理变得更加精准、智能，提高了决策的科学性和效率。

全球化与国际竞争：社会的全球化趋势加剧了国际竞争的激烈程度。管理改革需要关注国际标准和国际市场的变化，提高组织的国际竞争力，适应全球化的发展需求。

社会治埋体系的创新：面对社会问题的多样性和复杂性，社会治理体系需要不断创新。管理改革应该深入社会治理领域，推动治理体系的创新，更好地满足社会的发展需求。

（三）社会发展需求与管理改革的相互促进

人才培养与组织创新：面对人才培养的需求，管理改革可以通过建立创新型组织机制，激发员工创造力，推动组织的创新发展。同时，组织的创新也为更好地培养适应社会发展需求的人才提供了平台。

科技创新与管理智能化：面对科技创新的需求，管理改革可以借助信息技术，推动管理的智能化。大数据分析、人工智能等技术的应用，使得管理更加科学、准确，更好地满足社会发展的科技需求。

社会公平与公正管理：面对对社会公平的需求，管理改革可以推动公正管理的建立。透明、公开、公正的管理机制有助于实现资源的公平分配，满足社会对公正的要求。

（四）管理改革的具体实践

推动数字化转型：利用信息技术推动数字化转型，实现管理的智能化。建立数字化的管理系统，通过大数据分析和人工智能技术，提高管理的科学性和效率。

构建开放创新体系：构建开放创新体系，鼓励各类创新要素的融合和交流。引入外部创新资源，推动高校和组织的内部创新，满足社会对创新的需求。

加强社会参与与共治机制：加强社会参与与共治机制，建立更为开放、透明的决策过程。通过广泛征集意见、组织多方参与，确保决策更为科学、公正，更好地满足社会对治理的需求。

培养全球化视野：面对全球化的趋势，管理改革需要培养组织和管理者的全球化视野。关注国际标准、市场的多样性，使组织更好地适应国际竞争和合作的需要。

建立可持续发展管理体系：着眼于可持续发展的需求，建立可持续发展的管理体系。注重资源的合理利用、环境的保护，推动企业和组织向着可持续经营的方向发展。

（五）面临的挑战与应对策略

技术应用的合理性：技术的快速发展可能导致管理改革中技术应用的过于追求先进性，忽视了技术应用的合理性。应通过合理评估和规范技术应用，确保技术的推广和使用符合实际需求，不引发不必要的问题。

社会参与的平衡：加强社会参与是一种积极的改革方向，但需要平衡好政府、企业和公众的关系，防止过多的社会参与带来决策的混乱。制定合理的社会参与机制，确保决策过程既充分开放，又有序进行。

人才培养的及时性：需要及时调整教育体系，培养适应社会发展需求的人才。不仅关注专业知识的传授，更要注重培养学生的创新能力、团队协作能力等实际应用技能。

绿色管理的推动：绿色管理的推动需要企业在经济效益和环保责任之间找到平衡点。政府可以通过制定相关政策，提供激励措施，鼓励企业朝着绿色经营方向发展。

社会发展需求与管理改革的关系密不可分，二者相互影响、相互促进。通过推动数字化转型、构建创新体系、加强社会参与与共治机制、培养全球化视野、加强企业社会责任、建立可持续发展管理体系等实践，可以更好地适应社会的发展需求。

未来，我们需要更加注重管理的创新和智能化，将科技的进步与管理的需求相结合，使得管理更具适应性和先进性。同时，要加强国际合作，推动全球治理和管理的协同发展。通过不断改革和创新管理体制，我们有信心更好地满足社会发展的需求，推动社会朝着更加科学、公正、可持续的方向发展。

二、国际经验与我国管理休制的比较

随着全球化的深入和国际交流的日益密切，各国的管理体制在相互学习、借鉴中逐渐形成了各自的特色。本书将从管理理念、组织架构、政府职能等多个维度，对国际经验与我国管理体制进行比较，旨在探讨各自的优势、不足，为我国管理体制的改革提供一些启示。

（一）管理理念比较

西方国家的市场导向：许多西方国家在管理中强调市场导向，注重企业自主和市场机制的发挥。弹性化的雇佣关系、强调企业自负盈亏的经营理念，使得市场在资源配置中起到更为明确的引导作用。

亚洲国家的家族企业文化：一些亚洲国家，特别是一些东亚国家，以家族企业为主导。这种管理理念注重家族的企业文化，企业决策通常较为保守，但也注重长期稳定的发展。

北欧国家的社会福利导向：北欧国家的管理体制注重社会福利和公平，强调国家对社会的保障责任。这种模式下，企业和个体在经济发展中更多地承担社会责任，政府在社会服务和福利方面起到主导作用。

我国的社会主义市场经济：我国的管理体制在改革开放以来逐渐转向社会主义市场经济，强调市场机制在资源配置中的决定性作用，同时保持了政府在宏观调控和公共服务领域的重要地位。

（二）组织架构比较

分权制衡的西方组织结构：西方国家的企业和政府组织结构通常较为分权制衡。企业内部强调平等和沟通，政府在决策和执行过程中注重权力的制衡，以确保公正和透明。

亚洲国家的家族企业居多：亚洲一些国家的企业结构中，家族企业居多。企业决策集中在家族成员手中，决策相对保守，但也有助于企业保持长期稳定。

北欧国家的合作型组织：北欧国家的组织结构通常更加注重合作。企业内部强调团队协作，政府与企业之间也形成紧密的协作机制，推动社会的共同发展。

我国的国有企业与民营企业并存：我国的组织结构中，既有传统的国有企业，也有不断发展的民营企业。国有企业通常在重要行业和战略性领域拥有较大影响，而民营企业则在市场中崭露头角。

（三）政府职能比较

西方国家的有限政府理念：西方国家通常奉行有限政府的理念，注重市场的自主调节和企业的自主决策。政府的职能主要集中在法治、维护公平竞争、社会福利等方面。

东亚国家的产业政策导向：一些东亚国家，如日本和韩国，政府在产业政策上起到了较为重要的引导作用。通过产业政策，政府引导企业发展，推动国家产业升级。

北欧国家的社会福利国家：北欧国家的政府在社会福利和公共服务方面发挥着极为重要的作用。政府通过高税收和社会保障制度，为公民提供全面的社会服务。

我国的市场导向与宏观调控：我国政府在改革开放以来逐渐转向市场导向，强调市场在资源配置中的决定性作用。但政府在宏观调控、基础设施建设等方面仍发挥着重要作用。

（四）各自的优势与挑战

1. 西方国家的优势

优势：市场经济机制相对成熟，企业更具活力和创新性；分权制衡的组织结构有助于避免过度集权。

挑战：过度市场化可能导致社会不公平和资源不均衡；分权制衡也可能带来决策效率下降的问题。

2. 亚洲国家的优势

优势：家族企业传承稳定，能够在经济波动中保持较高的韧性；强调家族文化有助于建立企业的核心价值观和文化认同。

挑战：家族企业可能在决策上过于保守，难以适应快速变化的市场需求；家族传承可能导致管理层的相对封闭。

3. 北欧国家的优势

优势：社会福利制度建设较为完善，实现了相对平等的社会分配；注重合作的组织文化有助于形成社会共识，推动共同发展。

挑战：高税收制度可能对企业投资和创新形成一定压力；过度强调社会福利可能导致经济效率下降。

4. 我国的优势

优势：市场规模庞大，发展潜力较大；政府在宏观调控和基础设施建设中能够发挥重要作用；经济快速发展为企业提供了广阔机遇。

挑战：市场过度干预可能导致资源浪费和产业结构失衡；政府的宏观调控能力也面临着挑战，需要更灵活的政策工具。

三、高等教育管理改革的紧迫性与重要性

改革是推动社会发展的强大引擎，是破解发展难题、提高治理效能的关键一招。在不断变化的国际和国内环境下，改革的紧迫性和重要性日益凸显。本书将从经济、社会、政治等多个角度，探讨改革的紧迫性和重要性，以期为我国的改革提供深刻思考。

（一）经济领域的紧迫性与重要性

应对经济结构调整的压力：随着科技的飞速发展和全球经济格局的调整，我国经济结构面临巨大的调整压力。传统产业的升级和新兴产业的崛起，要求我国通过改革，实现产业结构的优化和升级。

解决收入分配不均的问题：经济的快速发展背后，一些问题也逐渐显现，如收入分配不均。改革势在必行，通过完善税收体系、社会保障制度等，促使收入更加公平地分配，有利于社会的和谐稳定。

提升创新能力和核心技术水平：改革是推动创新的重要手段。面对国际竞争和科技创新的挑战，必须通过深化改革，破除体制机制上的束缚，提高创新能力和核心技术水平。

推动市场化改革：市场经济是推动经济发展的强大引擎，而市场机制的不完善会影响资源配置的效率。改革市场体制，打破垄断，促进市场竞争，是推动经济可持续增长的必经之路。

（二）社会领域的紧迫性与重要性

应对人口老龄化的挑战：随着人口老龄化的加剧，社会保障体系面临严峻考验。通过改革，完善养老服务体系，提高养老金的可持续性，是解决人口老龄化问题的迫切需要。

构建健康医疗体系：疫情的暴发暴露了我国医疗卫生体系存在的问题。通过深化医疗体制改革，提高基层医疗服务水平，构建健康中国，是保障国民身体健康的关键一步。

推进教育改革：教育是国家长远发展的关键。面对教育资源分配不均和培养人才质量不高的问题，必须进行教育体制改革，推动教育公平，提高教育质量。

加强社会治理体系建设：社会治理体系直接关系到社会的稳定和谐。通过改革，加强社区自治、完善法治体系、提高公共服务水平，是构建社会和谐的关键一环。

（三）政治领域的紧迫性与重要性

提升治理效能：面对日益复杂的社会问题，提升治理效能成为刻不容缓的任务。通过政治体制改革，优化权责关系，提高决策的科学性和灵活性，是应对挑战的必由之路。

加强法治建设：法治是国家长治久安的重要保障。深化法治体制改革，加强法治宣传教育，构建法治社会，是提升国家法治水平的关键一环。

强化党风廉政建设：党风廉政建设是政治生态的重要组成部分。通过深化党风廉政建设改革，加强反腐斗争，维护党风政风的纯洁性，是保持党的先进性的迫切需求。

促进民主政治：民主政治是实现人民当家作主的基本途径。通过推进政治体制改革，加强民主制度建设，提高政府的透明度和责任感，是构建现代政治体系的关键一步。

（四）全球视野下的紧迫性与重要性

应对全球性挑战：全球性问题如气候变化、传染病防控、全球治理等，需要国际协同应对。通过改革，提高国际合作水平，积极参与全球治理，是应对全球性挑战的紧迫需求。

提高国际竞争力：国际竞争的加剧需要我国更加紧急地进行改革。通过深化改革，提高国际竞争力，加强对外开放，我国才能更好地适应全球化的经济格局。

构建更加公正的国际秩序：在全球层面，国际体制的不公正性和不平等性亦是一个亟需解决的问题。我国可以通过积极参与国际事务、推动国际体制改革，为构建更加公正、平等的国际秩序贡献力量。

应对全球经济不确定性：全球经济不确定性增加，需要我国更加灵活地应对外部环境的变化。深化改革，提高经济的适应性和应变能力，是应对全球经济波动的紧迫性之举。

（五）科技创新的紧迫性与重要性

迎接数字经济时代：数字经济的兴起正在改变产业结构和商业模式。为了适应数字经济时代的发展，我国必须通过改革，加强数字化转型，推动科技与产业深度融合。

提升自主创新能力：创新是引领发展的核心驱动力。改革创新体制，建立鼓励创新的机制，提高科技自主创新能力，是我国实现可持续发展的迫切需要。

应对科技安全挑战：科技安全问题日益凸显，需要我国更加强化科技治理和规范。通过改革，建立科技安全法规和标准，提高科技创新的合规性和可控性。

推动绿色技术创新：面对气候变化和环境问题，绿色技术创新势在必行。通过深化改革，提高环境科技创新水平，推动经济向绿色可持续方向发展，是我国履行环境责任的紧迫要求。

（六）改革路径与策略

深化经济体制改革：通过深化市场化改革，打破垄断，提高市场竞争力，优化资源配置，推动经济高质量发展。

全面深化社会体制改革：完善社会保障体系，推动医疗、教育、养老等领域的体制改革，提高社会公平和公正。

政治体制改革：推进政治体制改革，强化法治建设，提高政府治理效能，构建现代治理体系。

加强创新体制建设：通过改革科技创新体系，建立更加灵活高效的科技治理机制，提高创新能力和核心技术水平。

提升国际竞争力：加强对外开放，积极参与国际事务，推动国际体制改革，提高我国在全球经济中的话语权和影响力。

加强数字化转型：推动数字化转型，加快发展数字经济，提高信息化水平，迎接数字经济时代的挑战。

强化党风廉政建设：深化党风廉政建设，加强党内监督，维护党的先进性和纯洁性。

加强环境治理：推动绿色技术创新，通过环境治理体制改革，构建绿色发展的体制机制。

改革的紧迫性和重要性是多维度的、全方位的。经济、科技、社会、政治等各个领域的挑战需要我国不断深化改革，推动国家制度和治理体系更加符合时代要求。在全球化、数字化的浪潮中，只有通过改革，我国才能更好地适应时代的发展，实现经济的高质量发展、社会的和谐稳定、国家的长治久安。改革是一场磨难和探索的过程，但也是实现中华民族伟大复兴的必由之路。只有不断深化改革，才能赢得未来，让中国梦在现实中变为现实。

第二节　对我国高等教育管理体制改革历程的回顾

一、改革的阶段性成果与问题

改革是推动国家社会发展的必由之路，经过几十年的不懈努力，我国在改革开放的历程中取得了一系列显著成就。然而，改革是一个复杂而漫长的过程，阶段性成果伴随着一系列问题的出现。下面将深入探讨我国改革的阶段性成果，同时审视存在的问题，以期更好地理解改革的脉络和方向。

（一）经济领域的阶段性成果

经济增长的显著提速：中国改革开放初期，实行社会主义市场经济体制，逐渐开放经济，吸引了大量外资和技术。经过多轮深化改革，我国取得了令世界瞩目的经济增长成果，成为全球第二大经济体。

产业结构不断优化：经济改革使得中国的产业结构得以升级，从以前的以农业为主逐渐转向工业化和服务业。高科技产业、战略性新兴产业迅速崛起，为经济的可持续发展奠定了基础。

城乡差距缩小：改革使得农村地区逐渐受益于经济增长，农民收入水平提高。农村改革、土地制度改革等措施的实施，促使城乡差距逐渐缩小，实现了相对均衡的社会发展。

对外开放取得丰硕果实：开放政策的推动下，中国积极参与全球化进程，吸引大量外商直接投资。通过加入世贸组织和签署一系列自由贸易协定，中国成为全球最大的出口国和制造业基地。

（二）社会领域的阶段性成果

教育水平普遍提高：改革开放以来，我国大力发展教育事业，普及九年义务教育，大学招生规模逐年扩大。教育水平普遍提高，培养了一大批高素质的人才。

医疗卫生水平不断提升：改革推动了医疗体制的改革，医疗卫生水平逐步提升。全面建设医疗卫生体系，推广基本医保制度，使得人民享受到更为完善的医疗服务。

社会保障体系不断完善：在社会保障领域，改革不断深化，社会保障体系得到了极大的完善。养老、医疗、失业、工伤、生育等方面的社会保障制度日益完备，提高了社会的安全感。

城乡居民生活水平提高：随着改革开放的推进，城乡居民的生活水平得到明显提高。城市化进程加速，农民转移至城市工作，城市居民的生活水平逐步提高，社会消费水平稳步增长。

（三）政治领域的阶段性成果

国家治理体系更趋完善：在政治领域，改革推动了我国国家治理体系的不断完善。加强党的建设，深化行政体制改革，建设法治国家，提高了国家治理效能。

全面从严治党取得明显成效：党风廉政建设和反腐斗争取得阶段性胜利，形成了全面从严治党的良好局面。通过建设廉洁政治，保持党同人民群众的血肉联系，提高了党的凝聚力和战斗力。

法治建设逐步深化：在法治建设方面，通过不断深化改革，我国法治体系得到了不断完善。法治建设取得显著成果，法律法规体系日益健全，司法体制逐步完善。

外交影响力不断扩大：通过对外开放和积极参与国际事务，我国的外交影响力逐渐扩大。中国积极倡导构建新型国际关系，为世界和平与发展作出了积极贡献。

（四）科技创新的阶段性成果

科技实力取得显著提升：在科技创新方面，改革推动了我国科技实力的大幅提升。在多个领域取得了重要突破，尤其是在人工智能、生物技术、新能源等前沿科技领域。

自主创新能力的增强：通过一系列创新政策和体制机制的调整，我国的自主创新能力逐步增强。科研机构、高校和企业在科技创新方面的投入和合作取得了显著成果。

数字经济快速崛起：改革推动了数字经济的迅速崛起，互联网、大数据、人工智能等技术的广泛应用推动了产业升级和经济发展。数字经济成为拉动经济增长的新引擎。

环保科技取得进展：面对全球环境问题，我国在环保科技方面取得了一系列进展。推动绿色技术创新，降低能耗和排放，努力构建可持续发展的科技体系。

（五）问题与挑战

经济增长方式仍未完全转型：尽管经济增长取得显著成就，但在发展方式上，仍然存在一些问题。过度依赖投资和出口导向的增长模式，未来可持续性面临一定压力。

城乡发展不平衡：虽然城乡差距有所缩小，但仍然存在不少问题。城市化进程中，一些地区发展过快，而一些农村地区发展相对滞后，城乡发展不平衡问题尚待解决。

社会保障仍有不足：尽管社会保障体系逐渐完善，但在应对人口老龄化和就业问题上，仍然存在一些不足。养老、医疗等方面的社会保障仍需要更加深入地改革。

环境污染问题仍然突出：随着经济的快速发展，环境污染问题凸显。大气污染、水污染、土壤污染等问题依然存在，需要更加有力的环保措施和科技支持。

政治体制改革仍然面临难题：政治体制改革的深入仍然面临复杂的社会和政治挑战。权力制约、民主参与等方面的改革仍需要更加深入地探讨和实践。

社会治理体系亟待优化：随着社会变革的加速，社会治理体系的建设亟待优化。如何更好地解决社会矛盾、加强基层治理等问题，需要进一步探讨和改革。

创新体制机制需要进一步调整：在科技创新领域，创新体制机制的调整需要更为深入。科研评价机制、知识产权保护、人才培养等方面的问题需要进一步解决。

（六）面对问题的应对策略

推动经济高质量发展：转变经济增长方式，加强创新驱动，推动产业升级，培育新的经济增长点，实现经济高质量发展。

加强城乡发展一体化：通过城乡一体化规划，加大对农村发展的支持力度，推动城乡资源、产业、人才等要素有机融合，实现城乡发展的协同。

深化社会保障体系改革：进一步加强社会保障体系建设，完善养老、医疗、失业等社会保障制度，确保人民享有更好的社会保障服务。

加大环境治理力度：制定更为严格的环境法规，加强环境监管，推动企业实施绿色生产，提高环境治理的效果。

深化政治体制改革：推动政治体制改革，完善权力运行机制，加强法治建设，提高政府治理效能，增强公众参与意识。

优化社会治理体系：深化社会治理体系改革，加强社区自治能力，推动基层治理体系的现代化，提高社会治理的精细化水平。

加强创新体制机制建设：优化科研评价机制，加强知识产权保护，优化人才培养机制，建设更为灵活高效的创新体制机制。

我国取得的阶段性成果令人鼓舞，但也必须正视存在的问题。未来，我国仍将面临更加复杂严峻的挑战，需要更加全面深化改革。在全面建设社会主义现代化国家的新征程上，我国将继续坚持改革创新，不断完善国家治理体系和治理能力，推动高质量发展，实现中华民族伟大复兴的中国梦。

二、改革中的经验与教训

改革是社会发展的必然要求，通过对过去几十年我国改革的经验和教训进行深入分析，可以为今后的改革提供有益的启示。下面将结合我国改革的历史背景，探讨改革中积累的经验和吸取的教训，以期更好地指导未来的发展。

（一）改革中的积累经验

坚持以经济建设为中心：中国改革开放的初衷是推动经济建设，这一方向的坚持为我国实现了经济快速发展创造了条件。通过注重发展实体经济、吸引外资、积极参与全球经济，我国取得了令世界瞩目的经济成就。

逐步放开市场，激发市场活力：我国改革的成功之一在于逐步放开市场，激发了市场活力。通过引入市场机制，改革价格形成机制，拓展市场准入，提高了资源配置效率，促进了产业结构升级。

探索中国特色社会主义道路：改革开放初期，我国积极借鉴国外经验，但在实践中形成了适合本国国情的中国特色社会主义道路。这一探索符合中国的国情，为改革提供了独特的思路。

建立社会主义市场经济体制：在改革中，我国建立了社会主义市场经济体制，既继承了社会主义制度的优势，又吸收了市场经济的活力。这种经济体制的建立为我国在全球市场竞争中找到了一种相对稳妥的模式。

实行分步推进，循序渐进：我国改革一直秉持分步推进、循序渐进的原则，通过小步慢走的方式，有序推进各项改革。这种方式避免了过快改革带来的社会动荡和不稳定，保障了改革的可持续性。

强化党风廉政建设，打击腐败现象：在改革中，我国 直强调党风廉政建设，通过持续的反腐斗争，取得了阶段性胜利。这一经验表明，保持政党的清正廉洁对于改革的成功至关重要。

（二）改革中的教训

市场过度放开可能引发问题：在改革过程中，一些领域过度放开市场可能导致市场乱象，出现垄断、恶性竞争等问题。因此，未来改革需要更加注重监管和制度建设，确保市场公平、有序运行。

改革不平衡不充分：由于改革力度和速度的不同，地区之间、行业之间出现了发展不平衡的问题。未来改革需要更加注重均衡发展，确保改革惠及全体人民，减少社会不公平现象。

利益集团影响力加大：随着改革的深入，一些利益集团的影响力逐渐加大，可能导致改革的方向受制于一部分利益集团。未来改革需要更好地处理好改革与利益之间的关系，确保改革的公正性。

社会问题凸显：随着城市化和工业化进程，一些社会问题如环境污染、失业、收入分配不均等凸显。未来改革需要更加注重社会问题的解决，实现经济增长与社会进步的协同发展。

制度建设滞后于实践需求：部分制度建设滞后于实际发展需求，未能及时跟上改革的步伐。未来改革需要更加注重制度建设的前瞻性和灵活性，适应时代发展的需求。

改革沿着正道前进需防范风险：在改革中，可能面临各种风险和阻力，包括国际经济波动、自然灾害、社会动荡等。未来改革需要更加谨慎地前行，做好风险防范工作，确保改革不走弯路。

（三）未来改革的启示

坚持以人民为中心的发展思想：未来改革要坚持以人民为中心的发展思想，保障改革发展成果更多更好地惠及全体人民。在改革的全过程中，要充分尊重和保障人民的基本权益，提高人民群众的获得感、幸福感和安全感。

深化改革的系统性和整体性：未来改革要更加注重系统性和整体性，不仅仅关注某一个领域的改革，还需要综合考虑各方面的因素，形成协同推进的改革方案。改革要有整体谋划，避免片面性和部分性。

科学制定改革方案，防范风险：未来改革要更加科学地制定改革方案，充分评估各种风险因素，包括国际风险、社会风险、经济风险等，采取有效措施加以防范，确保改革进程平稳、有序推进。

加强制度建设和法治建设：未来改革要加强制度建设和法治建设，确保制度的健全性和适应性。及时修订和完善相关法规，构建适应时代发展需求的制度体系，为改革提供有力的法治保障。

深入挖掘中国特色社会主义道路：未来改革要深入挖掘中国特色社会主义道路，坚持走适合我国国情的发展道路。通过总结经验、吸收优秀文化传统，不断完善和发展中国特色社会主义制度。

强化党风廉政建设，持续反腐斗争：未来改革要继续强化党风廉政建设，坚决反对腐败现象，保持党同人民群众的血肉联系。只有保持党风正洁，才能保证改革事业的健康发展。

推动经济高质量发展，注重绿色发展：未来改革要更加注重推动经济高质量发展，通过科技创新、产业升级等手段，提高经济发展的质量和效益。同时，注重绿色发展，构建可持续的发展模式。

注重社会问题的解决：未来改革要更加注重解决社会问题，包括环境污染、失业、社会不公等。通过制定更为精准的社会政策，确保改革成果更好地惠及社会各阶层。

在改革的道路上，我国取得了显著的成就，也积累了一系列宝贵的经验。然而，改革仍然是一个长期而复杂的过程，需要我们总结经验、吸取教训，更好地迎接未来的挑战。未来的改革要更加注重人民的利益，注重整体推进，科学制定方案，加强法治建设，深入挖掘中国特色社会主义道路，强化党风廉政建设，推动经济高质量发展，注重绿色发展，解决社会问题，确保改革始终朝着正确的方向前进，不断推动国家发展走向更加繁荣和富强的未来。

三、改革历程对我国高等教育的启示

我国的高等教育改革始于 20 世纪末，经历了几轮深刻的变革。改革的历程对我国高等教育产生了深远的影响，不仅推动了高校体制机制的创新，也促使了教育理念和管理方式的转变。下面将探讨我国高等教育改革的历程，总结其中的经验与教训，以期为未来高等教育的发展提供有益的启示。

（一）改革历程

20 世纪 80 年代初期的高等教育改革：中国的高等教育改革可以追溯到 20 世纪 80 年代初期，这一时期我国进行了以"三化"建设（硬件化、信息化、职能化）为特征的高校改革。这一改革推动了高校管理体制的初步转变，注重对教学、科研、管理等方面的全面提升。

20 世纪 90 年代末期的"211 工程"：为了促进高校的发展，我国实施了"211 工程"，通过对一批重点大学进行投入，提升其办学水平。这一工程加大了对高校的投资，推动了一批学科和专业的发展，促进了高校的整体提升。

21 世纪初的"985 工程"：在"211 工程"基础上，我国提出了"985 工程"，旨在进一步提升一批重点高校的综合实力。通过这一工程，我国加强了对高校的支持，提高了一批高校的国际影响力，推动了我国高等教育的发展。

2014 年提出的"双一流"建设：为了更好地推动高等教育的现代化建设，我国提出了"双一流"建设，即一流大学和一流学科建设。通过引导高校优化学科布局、提升办学水平，"双一流"建设旨在使我国高等教育更好地适应时代发展的需求。

（二）经验总结

注重政策导向，强调整体推进：中国高等教育改革的经验之一是政策导向明确，注重整体推进。通过"211 工程""985 工程""双一流"建设等政策，我国在不同阶段都明确了高校发展的方向，强调整体推进，有力地推动了高等教育的发展。

灵活运用市场机制，激发内在动力：在高等教育改革中，我国灵活运用市场机制，通过竞争机制和激励机制，激发高校内在动力，推动学科建设、人才培养等方面的创新。这种灵活性有助于高校更好地适应社会需求和发展趋势。

强调创新和实践，提高综合实力：在改革历程中，我国高校注重创新和实践，推动了高校的综合实力提升。通过"211 工程""985 工程"等，我国鼓励高校加强科研创新，提高学科水平，使高校更好地融入国际学术体系。

注重人才培养模式创新，贴近社会需求：针对社会对高校人才培养的新需求，我国进行了人才培养模式的创新。实施工科与工程管理交叉培养、推动卓越工程师培养计划等，使高校的人才培养更贴近社会实际需求，培养更具实践能力的人才。

强调国际化，提升国际影响力：我国高等教育改革强调国际化，通过"双一流"建设等措施，鼓励高校加强国际交流与合作，提升国际影响力。这有助于吸引国际优秀学者和学生，促进高校更好地融入国际学术体系。

（三）教训反思

过度强调排名与数量，忽视质量和特色：部分高校在追求"211 工程""985 工程"等目标时，过度关注排名和数量，而忽视了教育质量和学科特色的建设。一味追求数量和排名可能导致资源分配不均，局部高校面临过度竞争，而忽略了整体高校体系的协同发展。未来改革应更加注重高校的办学特色和质量，提升教育水平的同时，保持高校的多样性和差异性。

市场机制的灵活性与公平性的平衡难题：在运用市场机制时，由于一些地区和学科的发展不平衡，可能导致高校资源配置的不均衡。一些知名高校更容易受益于市场机制，而一些地方和学科相对弱势。未来改革应更加注重市场机制的灵活性，确保资源分配更加公平，促进全国高校的均衡发展。

创新和实践教育的过度强调应用性：随着人才培养模式的创新，有时过度强调应用性而忽视了基础理论的培养。一味追求实际应用，可能导致学生缺乏深厚的基础知识，难以适应日益复杂的社会需求。未来改革应注重基础理论教育与实践教育的平衡，培养既具有实际应用能力又具备深厚学科素养的人才。

国际化过程中的文化冲突与融合：在推动国际化的过程中，可能面临文化冲突的挑战。不同国家、不同文化的学术体系存在差异，高校在国际化过程中应当保持对本土文化的尊重，同时积极融合国际优秀经验。未来改革需要更加注重国际合作的文化融合，促进全球高等教育的良性互动。

过度追求一流与二流，忽视多层次发展：高等教育改革中，有时存在过度追求一流与二流学校的倾向，而忽视了多层次高校的发展。一流学校在一些方面可能具有突出优势，但不同层次的高校都有其独特的功能和作用。未来改革应更加注重多层次高校的发展，促进整个高等教育体系的协同发展。

（四）未来发展方向

注重质量而非数量：未来高等教育的改革应更加注重质量而非数量，推动高校内涵式发展。不仅要关注学科的深度发展，还要培养学生的创新能力、综合素养，提高高等教育的整体质量。

强化市场机制的公平性：在运用市场机制时，应强化公平性，避免资源过度集中在一些知名高校，而使其他高校难以发展。加强监管，确保市场机制的灵活性与公平性的平衡，促进全国高校的均衡发展。

优化人才培养模式：未来改革应优化人才培养模式，既要培养具有实际应用能力的人才，也要注重基础理论教育。培养学生的创新思维、团队协作能力，使其能够更好地适应未来社会的发展需求。

推动国际化发展：在推动国际化发展时，要注重文化的融合，保持对本土文化的尊重。加强与国际高校的交流与合作，提高高校的国际影响力，培养具有国际视野的人才。

多层次高校的协同发展：未来改革应更加注重多层次高校的协同发展，不仅要发展一流学校，还要注重中小学校的特色发展。推动整个高等教育体系的协同发展，提高全国高等教育的整体水平。

我国高等教育改革的历程为今后的发展提供了重要经验。总体来说，注重政策导向、灵活运用市场机制、强调创新和实践、注重人才培养模式创新以及推动国际化发展等都是我国高等教育改革中的成功经验。然而，也需要认识到改革中存在的问题，如过度关注数量排名、市场机制的公平性、人才培养过度追求应用性等。未来高等教育改革应更加注重质量、公平、多样性，推动整个高等教育体系的协同发展，以更好地适应时代的发展需求。

第三节　高等教育管理改革的历史评价

一、高等教育管理改革成功案例与可借鉴之处

高等教育管理改革是各国在迎接全球化、推动教育创新、提升教育质量等方面迈出的重要一步。通过借鉴其他国家的成功经验，各国可以更好地应对高等教育面临的挑战，提升教育水平和国际竞争力。下面将深入研究几个成功的高等教育管理改革案例，分析其成功之处，并总结出对其他国家的可借鉴之处。

（一）芬兰的高等教育管理模式

1. 成功经验

学术自由和自治：芬兰高等教育体系强调学术自由和自治，大学有较高的自主权。这种模式鼓励教育机构在课程设计、招生政策等方面更加灵活，

促使学术创新。

强调师生关系：芬兰注重师生关系的建立，倡导平等和开放的教学氛围。教师与学生之间的互动更为密切，这有助于学生成长和创新思维的培养。

持续投资研究和创新：政府持续投资于高等教育的研究和创新，鼓励高校与产业界合作。这为高等教育机构提供了更多资源，也促进了科研成果的转化。

2. 可借鉴之处

学术自由和自治：其他国家可以在高等教育管理中更多地强调学术自由和自治，给予高校更大的自主权，促进学术创新。

师生关系：强调师生关系，构建平等和开放的学术氛围，有助于激发学生的学术兴趣和创新思维，提高教学质量。

持续投资研究和创新：各国政府可借鉴芬兰的做法，持续投资高等教育研究和创新，促进高校科研水平的提升。

（二）新加坡的教育管理改革

1. 成功经验

强调职业教育：新加坡高等教育体系在培养学生的同时，注重职业教育的发展，与产业需求相结合，提高了学生就业竞争力。

灵活的招生政策：新加坡实行灵活的招生政策，通过引入多元化的招生标准，鼓励学生在不同领域展现自己的特长，培养了多才多艺的人才。

国际化办学：新加坡高校积极推动国际化，吸引全球学生和教师。这种国际化的办学模式有助于提升学校的国际声誉和影响力。

2. 可借鉴之处

职业教育的发展：各国可在高等教育中更注重职业教育的发展，与产业对接，提高毕业生的职业竞争力。

灵活的招生政策：引入灵活的招生标准，鼓励学生在不同领域展现个性，有助于培养更具创新力的人才。

国际化办学：推动国际化，吸引国际学生和教师，有助于提升学校的国际影响力，促进学术交流。

（三）德国的职业教育体系

1. 成功经验

产学合作：德国的职业教育体系强调产学合作，学校与企业紧密合作，确保教育与实际工作需求相结合，提高了学生的职业素养。

双元制度：德国实行的双元制度将学校培训与实际工作相结合，学生在学校学习的同时在企业实习，使其更早接触实际工作，提前适应职业环境。

行业标准和质量保障：德国职业教育注重制定行业标准和质量保障机制，确保培养的学生具备行业所需的技能和素质。

2. 可借鉴之处

产学合作：各国可以加强高等教育与产业界的合作，确保教育体系与实际工作需求相衔接，提高学生的职业素养。

实践与理论相结合：引入双元制度或类似机制，使学生在学校学习的同时能够在实际工作中应用所学知识，提前适应职业环境。

行业标准和质量保障：制定行业标准，建立质量保障机制，确保高等教育培养的学生具备行业所需的实际技能和素质。

（四）澳大利亚的质量保障体系

1. 成功经验

教育质量保障机构：澳大利亚建立了独立的教育质量保障机构，负责对高等教育机构进行评估和监督，确保其提供的教育质量符合标准。

学科专业认证：澳大利亚实施学科专业认证制度，对不同学科专业进行认证评估，保证学生接受到的教育质量和水平。

强调国际化：澳大利亚高等教育体系非常国际化，吸引了大量国际学生，通过开设多元化的国际课程，提高了高等教育的国际声誉。

2. 可借鉴之处

独立的质量保障机构：引入独立的教育质量保障机构，对高等教育机构进行评估和监督，确保教育质量符合标准。

学科专业认证：实施学科专业认证制度，对不同学科专业进行认证评估，保证学生接受到的教育质量和水平。

国际化办学：加强国际化办学，吸引国际学生，通过多元化的国际课程提高高等教育的国际声誉。

高等教育管理改革是各国迎接社会变革、提升教育质量的必然选择。通过借鉴其他国家的成功经验，各国可以更好地解决自身高等教育面临的问题，提高办学水平，培养更具创新力和实践能力的人才。跨国合作与经验互鉴将是推动全球高等教育事业共同进步的有效途径。在面临挑战的同时，各国应以开放的心态、务实的态度，共同推动高等教育管理的创新与升级，为培养未来社会所需的人才做出更大贡献。

二、高等教育未来改革方向与可持续发展

高等教育在现代社会扮演着至关重要的角色，不仅关系个体的职业发展和社会进步，也直接关系到国家的创新能力和竞争力。然而，面对日益变化的社会和经济环境，高等教育也面临着诸多挑战，需要不断进行改革以适应未来的发展需求。下面将探讨高等教育未来的改革方向，以及如何实现可持续发展。

（一）数字化与技术创新

1. 未来改革方向

在线教育与远程学习：随着数字化技术的飞速发展，未来高等教育将更加注重在线教育和远程学习。通过互联网平台，学生可以获取全球范围内的优质教育资源，促使高等教育的全球化发展。

人工智能辅助教学：引入人工智能技术，通过个性化的学习路径和智能辅助系统，提升教学效果，满足不同学生的学习需求，促进教育的差异化发展。

虚拟实境技术：利用虚拟实境技术，创造更为真实的学习环境，提高实践性学科的教学效果，培养学生的实际操作能力。

2. 可持续发展策略

建设数字化平台：学校需要建设完善的数字化教学平台，提供在线课程和学术资源，确保学生可以方便地获取高质量的教育资源。

培养教师数字素养：针对新的教学技术和工具，提供相关培训，帮助教师更好地利用数字技术进行教学，提高教学水平。

制定在线学习标准：建立和推广在线学习的标准和规范，确保在线教育的质量和可持续发展。

（二）跨学科与综合素养

1. 未来改革方向

跨学科专业设置：未来高等教育将更加注重跨学科的专业设置，鼓励学生在不同领域进行学科交叉，培养具备多学科知识的综合型人才。

综合素养培养：除了专业知识，高等教育将更注重培养学生的综合素养，包括创新能力、沟通能力、团队协作能力等，以应对未来社会的多元化需求。

实践与理论相结合：将实践性教学融入课程体系，使学生能够通过实际项目和实习经验将理论知识应用到实际问题中，提升实际操作能力。

2. 可持续发展策略

设立跨学科研究中心：学校可设立跨学科研究中心，推动不同学科之间的交流与合作，促进跨学科专业的发展。

引入综合素养评价体系：制定科学的综合素养评价标准，将学生的各项能力纳入评估体系，为其综合素养的培养提供有力支持。

加强实践性教学：设立实践基地，与企业合作，提供学生实际项目和实习机会，帮助学生更好地将理论知识应用到实际工作中。

（三）全球化与国际交流

1. 未来改革方向

国际化课程设置：学校将更多地开设国际化课程，吸引来自不同国家的学生，促进国际学术交流与合作。

双学位与交换项目：推动双学位项目和国际学生交流项目，使学生能够在不同国家和义化中学习，培养全球化背景下的人才。

多语言教学：未来高等教育将更加注重多语言教学，提供多语言的学术环境，帮助学生更好地适应国际化的学术社群。

2. 可持续发展策略

设立国际事务处：学校可设立专门的国际事务处，负责推动国际化发展战略，加强与外国大学的交流与合作。

引入国际教育标准：学校可以引入国际教育标准，确保国际化课程的质量，提高国际学生的满意度。

建立全球学术合作网络：通过建立全球学术合作网络，促进学术交流、合作研究和人才培养，推动学校全球化发展。

（四）社会责任与可持续发展

1. 未来改革方向

社会实践与服务学习：引入更多社会实践和服务学习项目，使学生深入社会，增强社会责任感，培养公民意识。

可持续发展课程：高等教育将更注重可持续发展课程的设置，培养学生对环境、社会和经济可持续性的关注和解决问题的能力。

社会企业与创业：鼓励学生参与社会企业和创业项目，将创新与社会责任相结合，培养具有社会责任感的创业者和领导者。

2. 可持续发展策略

设立社会责任中心：学校可以设立社会责任中心，负责组织各类社会实践项目和服务学习活动，推动社会责任教育。

建立可持续发展课程体系：制定可持续发展课程的体系，涵盖环境、社会和经济方面的知识，培养学生的可持续发展思维。

支持社会企业和创业：提供支持社会企业和创业的政策和资源，鼓励学生积极参与社会问题的解决和可持续发展的实践活动。

（五）资源管理与优化

1. 未来改革方向

数字化校园管理：引入先进的数字化技术，进行校园管理的数字化，提高资源利用效率，降低运营成本。

多元化筹资方式：探索多元化的筹资方式，包括产学研合作、校企合作、捐赠和基金会支持等，确保学校有足够的财政支持。

资源共享与合作：通过资源共享和合作，建立联盟或合作伙伴关系，实现资源优势互补，提高整体水平。

2. 可持续发展策略

推动数字化校园建设：投入资金和技术力量，推动校园管理的数字化建设，提高信息化水平，提升资源利用效率。

多元化筹资平台：建立多元化的筹资平台，吸引各方面的资金支持，确保学校财务的多元化和可持续性。

建立校际合作平台：建立校际资源合作平台，推动高校之间资源的共享与合作，降低重复投入，提高整体效益。

（六）制度设计与治理机制创新

1. 未来改革方向

强化学院自治：鼓励学院在一定范围内实行较大的自主权，更灵活地应对学科发展和学生需求。

提高治理透明度：加强高校治理的透明度，建立健全的决策和管理机制，提高决策的科学性和合理性。

多元化治理结构：推动多元化的治理结构，包括校董事会、教学委员会、学术委员会等，形成合理的治理网络。

2. 可持续发展策略

设立自治机构：在学校内设立学院自治机构，鼓励学院在管理和决策方面具有更大的自主权。

加强决策公开：建立决策公开机制，通过校园网站、社交媒体等途径向师生和社会公开学校管理的重要决策。

建立多元治理机构：在校董事会的基础上，设立更多的专业性机构，以科学化的治理结构推动学校的可持续发展。

（七）人才培养与师资队伍建设

1. 未来改革方向

全员培养模式：引入全员培养模式，关注每个学生的个性发展需求，为每位学生提供个性化的成长空间。

引进国际化教师：增加国际化的教师队伍，引入国外高水平的师资，提升学校的国际影响力。

教师评价与激励机制：建立科学合理的教师评价体系和激励机制，激发教师的积极性和创造力。

2. 可持续发展策略

推动全员培养：通过个性化的课程设置、辅导和评价体系，推动全员培养，关注每位学生的发展。

加强国际化交流：加大引进国际化的教师队伍，建立国际教师交流平台，促进国际化教育资源的共享。

优化教师评价机制：设立更为科学和客观的教师评价体系，注重教学质量、学科建设、科研水平等多方面的综合评价，激励教师全面提升。

（八）应对未来挑战的战略

灵活机动：高等教育机构应保持灵活机动的态势，及时调整课程设置、招生计划等，以适应社会和经济的快速变化。

创新管理：引入创新的管理模式，注重管理团队的创新能力培养，推动制度设计和治理机制的创新。

持续学习：教育机构和教育从业者需要保持持续学习的意识，关注最新的教育理论和技术，不断提升自身的专业水平。

社会责任：高校应该认识到自身在社会中的责任，通过开展社会服务、解决社会问题等方式回馈社会，建立良好的社会形象。

　　高等教育的未来发展必然伴随着全球化、数字化、社会责任等多方面的变革，而高校在面临这些挑战时需要制定科学合理的改革方向。通过引入数字化技术、加强跨学科专业设置、推动国际化发展、注重社会责任等方面的改革，高校可以更好地适应未来的发展需求。同时，可持续发展策略的制定，包括资源管理与优化、制度设计与治理机制创新、人才培养与师资队伍建设等方面，有助于高校实现长期的健康发展。只有在不断创新、与时俱进的改革中，高等教育才能更好地履行其肩负的使命，培养更多更好的人才，推动社会的可持续发展。

第六章　高等教育管理的创新路径

第一节　高等教育管理创新的意义

一、适应时代变革与社会需求

随着时代的变革和社会的不断发展，高等教育作为培养人才、推动科技创新、传承文化的重要领域，面临着巨大的使命和挑战。下面将从高等教育的使命出发，深入探讨如何适应时代变革和社会需求，以更好地服务社会、培养创新人才、推动可持续发展。

（一）高等教育的使命

人才培养：高等教育的首要任务是培养各领域的专业人才。通过提供多样化的专业课程和实践机会，培养学生的综合素养，使其具备适应社会需求的能力。

科技创新：高等教育是科技创新的重要基石。通过科研项目、实验室研究等方式，推动科技的不断进步，为社会提供前沿科技支持。

文化传承：高等教育承担着传承和弘扬本国文化的责任。通过文化课程、人文研究等方式，促进文化的传承，为社会提供精神支持。

社会服务：高等教育机构应积极参与社会服务，通过专业知识和技能为社会解决问题，促进社会的进步和发展。

（二）适应时代变革的策略

更新课程体系：高等教育机构应不断更新课程体系，紧跟时代发展趋势，引入新兴学科，培养适应未来社会需求的专业人才。

强化实践教育：加强实践教育是适应时代变革的有效途径。通过实习、实训、实践项目等方式，提高学生的实际操作能力，更好地适应职场需求。

创新教学方法：引入创新的教学方法，包括项目制学习、团队合作、在线教育等，激发学生的创造力和团队协作精神。

跨学科融合：推动不同学科之间的跨学科融合，培养具备多领域知识的人才，更好地适应社会对综合性人才的需求。

（三）适应社会需求的策略

产学研结合：加强与产业的紧密合作，与企业建立实习基地、联合研究中心等合作平台，确保培养出符合市场需求的专业人才。

行业需求调研：定期进行对各行业需求的调研，根据市场反馈调整专业设置，确保学生毕业后能够迅速融入社会。

社会参与：高校积极参与社会服务和公益活动，为社会解决实际问题，培养学生的社会责任感。

培养创新创业人才：引导学生培养创新思维，开设创新创业课程，提供创业支持平台，培养具有创业精神和实际操作能力的人才，满足社会对创新型人才的需求。

（四）推动可持续发展的举措

可持续发展课程：在高等教育中引入可持续发展的课程，培养学生的环保意识、社会责任感，使其成为可持续发展的倡导者和实践者。

绿色校园建设：高校可以推动绿色校园建设，注重节能减排，开展环保宣传教育，培养学生的环境保护观念。

社会参与项目：高校与社会机构合作，开展社会参与项目，解决社会问题，推动社会的可持续发展。

国际合作与共建：推动国际合作与共建，参与全球性的可持续发展倡议，为全球可持续发展贡献力量。

（五）面临的挑战与应对策略

科技变革的冲击：随着科技的不断进步，高等教育需要不断适应新的科技手段，加强信息技术的应用，提高在线教育水平。

社会多元化的挑战：社会多元化意味着学生的差异性和需求的复杂性增加，高等教育需要灵活调整教学方式，提供多样化的学术和服务资源。

经济压力的影响：经济环境的不确定性可能导致高等教育经费的压力增加，高校需要提高资金使用效率，寻找更多的经济支持。

全球化竞争的加剧：高等教育机构需要在全球范围内建立更紧密的合作关系，提高国际竞争力，同时吸引更多国际学生和学者。

（六）未来发展方向与展望

数字化转型：加强数字化技术的应用，推动在线教育、远程学习，提高高等教育的灵活性和覆盖面。

创新创业教育：进一步强化创新创业教育，培养学生的创业意识和实际操作能力，促进创新型人才的培养。

全球化合作：加强与国际高校的合作，开展联合培养项目，推动学术研究的国际化合作，提升国际声誉。

社会服务与责任：深化高校与社会的互动，加强社会服务与公益项目，发挥高校的智力优势，为社会可持续发展做出更大贡献。

适应时代变革与社会需求是高等教育的时代使命，也是面临的重要挑战。高等教育机构应积极应对这些挑战，不断调整和优化教育体系，加强实践教育和创新创业教育，推动科技创新和文化传承，致力于培养具有国际视野、社会责任感和创新精神的优秀人才。通过高等教育的努力，我们可以更好地迎接未来社会的需求，为国家的发展和进步提供强大支持。

二、推动高等教育质量与效益提升

高等教育是一个国家发展的支柱，其质量与效益直接关系到人才培养、科技创新、社会进步等多个方面。在当前快速变化的时代，如何不断提升高等教育的质量和效益成为摆在各国面前的重要问题。下面将从质量与效益的定义出发，分析目前存在的挑战，提出应对的策略，并展望未来高等教育的发展方向。

（一）高等教育质量的内涵与挑战

质量的内涵：高等教育质量不仅包括教育内容的科学性，更涵盖学科建设、师资力量、教学方法、学生综合素质等多个方面。优质的高等教育应该是全面的、可持续的，能够培养学生的创新能力、团队协作精神和社会责任感。

挑战与问题：高等教育面临的挑战包括招生与培养质量不均衡、师资短缺、教育资源分配不合理、教育评估体系不完善等。同时，社会对高等教育的期望也日益增加，要求培养更符合实际需求的人才。

（二）提升高等教育质量的策略

优化课程设置：根据社会需求和产业发展趋势，优化课程设置，引入新兴学科，强化实践性课程，确保课程的前瞻性和实用性。

拓展师资队伍：加强师资队伍建设，引入具有实践经验的行业专家，提高教师的综合素质和教学水平，保障学生能够接受高水平的教育。

创新教学方法：引入创新的教学方法，包括问题导向学习、项目制教学、在线教育等，激发学生的学习兴趣，培养他们的创造力和实际动手能力。

建立有效评估机制：完善教育评估体系，采用多元化的评估手段，包括学科评估、教学质量评估、学生评价等，确保评估结果客观全面，为高等教育质量提供参考。

加强科研支持：提高科研资金投入，支持教师参与科研项目，鼓励学校和企业合作开展实际应用研究，推动科技创新与高等教育的深度融合。

强化实践环节：加强实践性教育，包括实习、实训、实地考察等，提高学生的实际操作能力，使他们更好地适应职业发展的需求。

（三）高等教育效益的提升与挑战

效益的内涵：高等教育效益不仅体现在学术水平和科研成果上，还包括培养学生的就业竞争力、社会责任感和创新创业能力。提升高等教育效益需要更全面地考量社会对教育的期望。

挑战与问题：教育资源的有限性、教育效益评估体系不够完善、学生就业难等问题影响着高等教育效益的提升。社会对高等教育的投入要求更高，需要更明晰的效益导向。

（四）提升高等教育效益的策略

拓展就业渠道：加强与企业的合作，建立更紧密的产学合作关系，推动学校与行业的深度融合，为学生提供更多的就业机会。

强化实践技能培养：提高学生实际操作能力，注重实践技能的培养，使学生能够在职场中更快更好地适应工作要求。

发展创新创业教育：引入创新创业教育课程，鼓励学生参与创新项目、创业实践，培养创新创业精神，提高毕业生的自主就业能力。

加强学科与产业融合：将学科与产业更紧密地结合起来，建立与行业相关的实践基地、实验室，促进教育资源向实际应用领域倾斜。

建设校企合作平台：建设校企合作平台，促进高校与企业之间的紧密合作。这包括联合研究中心、实习实训基地、双向人才培养计划等，以便更好地满足产业对人才的需求，提高毕业生就业率。

推动终身教育：加强终身教育体系建设，为在职人员提供持续学习的机会，不断更新知识和技能，适应社会发展的需求，提高整体劳动力素质。

（五）面临的挑战与未来展望

全球化竞争：随着全球化的发展，高等教育机构需要更好地融入国际体系，提供具有国际竞争力的教育服务，吸引国际学生和学者。

科技变革：新技术的不断涌现对教育方式和内容提出了新的要求，高等教育需要更好地适应科技变革，拓展数字化教育和在线学习。

社会多元化：社会对高等教育的需求日益多元化，高校需要更加灵活地调整教育方向和专业设置，满足社会的多样性需求。

经济压力：教育经费有限，如何在有限的资源下提升质量和效益，需要高校在经济压力下找到更为有效的解决方案。

（六）未来发展方向与展望

全面提升综合素质：高等教育不仅要关注学科知识的传授，更要注重培养学生的综合素质，包括创新能力、团队协作能力、跨文化沟通能力等。

加强国际合作：推动高校国际化进程，加强与国际高校的合作，提高学术交流水平，拓宽学生的国际视野。

深化与产业的融合：加强与产业的深度融合，培养更符合产业需求的人才，推动科技成果更好地转化为社会生产力。

持续推进数字化教育：加强数字化教育建设，推动在线教育、远程学习的发展，提高教育的覆盖面和灵活性。

关注社会责任：高校应该更加注重社会责任，通过参与社会服务、公益项目等方式回馈社会，发挥高校的智力优势为社会可持续发展贡献更多力量。

推动高等教育质量与效益提升是一个复杂而紧迫的任务，需要政府、高校、社会各方的共同努力。通过优化课程设置、拓展师资队伍、创新教学方法、建立有效评估机制等策略，可以逐步提升高等教育的质量。同时，关注就业渠道、强化实践技能培养、推动创新创业教育等措施可以有效提高高等教育的效益。未来，高等教育需要更加灵活、创新，适应社会的需求，为培养更多的高素质人才和推动社会进步发挥更大的作用。

第二节　高等教育管理创新目前存在的问题

一、制度创新与实践难题的矛盾

制度创新与实践难题之间的矛盾是当代社会发展中常见的现象。制度创新旨在通过对组织、政府、社会等各方面的规则和机制进行变革，以适应时代发展的需求，推动社会进步。然而，实践中却常常面临一系列的难题和挑战。下面将从多个角度探讨制度创新与实践难题的矛盾，分析其原因、表现以及可能的解决途径。

（一）制度创新的动力与实践难题的来源

1. 动力来源

制度创新的动力主要来自社会的发展变革、科技的进步、全球化的挑战等多方面。社会经济结构的变化、科技应用的普及以及国际竞争的加剧，都推动着对现有制度进行调整和更新。政府、企业、社会组织等各方都需要适应这些新的挑战，因此，制度创新成为一种必然的选择。

2. 难题来源

实践中的难题主要源于变革的阻力、既有利益格局的保守、执行问题等多方面因素。制度创新可能涉及既得利益者的权益调整，这往往会引发强烈的反对。此外，由于社会的复杂性和多元性，制度的设计和实施往往面临执行层面的问题，如信息不对称、官僚体制的僵化等。

（二）制度创新与实践难题的表现

1. 抵触与反对

制度创新可能触及既得利益集团的根本利益，导致这些利益集团采取各种手段进行抵制和反对。这种抵触不仅可能来自于特定的行业、企业，还可能来自社会的不同层面，例如基层政府、地方利益集团等。在这种情况下，制度创新往往面临来自内外的巨大阻力。

2. 执行困难

制度创新的设计和实施需要有力的执行力，但现实中可能由于官僚体制的局限、部门之间的利益冲突、执行力不足等问题而难以顺利进行。有时候，一些制度改革方案在理论上看似完善，但由于执行层面的问题，往往无法取得实质性的成果。

3. 社会稳定风险

制度创新的过程中，由于涉及社会的各个层面，可能会引发一定的社会动荡和不稳定。特别是在一些传统观念根深蒂固的社会中，制度创新可能被认为是对社会秩序的冲击，导致一些人对社会变革产生担忧和不安。

4. 信息不对称

制度创新涉及大量的信息和知识，而在实践中，信息的不对称可能导致决策者对于变革的成本和风险估计不足，从而影响决策的科学性和合理性。信息的不对称也可能导致公众对于变革的理解和认同存在偏差。

5. 效果不明显

制度创新的初衷是为了解决社会问题、推动经济发展等，但有时由于各种原因，改革方案的实施效果可能并不如预期。这可能是由于设计不当、执行不力、社会反应不同等原因造成的，使得改革的初衷和预期效果之间存在较大差距。

（三）原因分析

1. 利益固化

既得利益者在当前体制下享有一定的权益，对于制度的改革可能感到不安，因为改革可能导致他们的权益受损。在这种情况下，既得利益者往往会通过各种手段维护自身的利益，形成制度创新的障碍。

2. 信息不对称

制度创新需要充分的信息支持，包括对社会状况、利益格局、政策效果等方面的全面了解。然而，在实践中，由于信息的不对称，决策者可能无法充分了解问题的本质，导致制度创新设计不合理、实施不当。

3. 执行问题

制度创新需要有强有力的执行力，但在实际操作中，由于官僚体制的问题、制度之间的矛盾、执行层面的问题等，制度改革难以有效实施，导致制度创新的成效受到制约。

4. 社会观念和文化传统

一些传统的社会观念和文化传统在某些程度上是对制度创新的抵制力量。社会的认知和文化传统往往根深蒂固，人们对于新观念和制度的接受需要时间，而在这个过程中，可能会产生一系列的矛盾和冲突。

5. 政治体制限制

一些国家和地区的政治体制可能存在一定的制度创新限制。在一些集中权力的政治体制下，决策者可能较难接受来自下层的建议和意见，导致制度创新的设计和实施受到制度框架的限制。

6. 社会复杂性和多元性

社会是一个复杂多元的系统，其中涉及不同群体、利益主体、文化背景等因素。在制度创新的过程中，需要考虑这种多元性和复杂性，否则容易导致改革的局限性和无法全面满足不同利益主体的需求。

（四）解决途径与应对策略

1. 加强社会沟通和参与

针对信息不对称的问题，可以通过加强社会沟通和参与来解决。政府、企业等决策者需要更加开放透明地与公众沟通，提供充分的信息，增加社会对于制度创新的了解，从而减少信息不对称。

2. 强化执行力和监督机制

针对执行问题，可以通过强化执行力和监督机制来解决。建立科学、有效的执行机制，明确责任人和责任部门，同时强化监督机制，对执行情况进行评估和反馈，确保制度创新能够得到有效实施。

3. 分阶段推进与试点先行

为了降低社会风险，可以采取分阶段推进的策略。通过先行先试，通过试点项目来验证制度创新的可行性和效果，从而为更大范围的推广奠定基础。这样可以逐步引导社会适应和接受新的制度安排。

4. 建立平衡机制和利益调整机制

针对既得利益者的抵触，需要建立平衡机制和利益调整机制。在制度创新中，充分考虑既得利益者的合理权益，通过合理的利益调整机制，平衡各方利益，减少抵触情绪。

5. 深化改革与完善配套政策

面对政治体制限制，需要深化改革，建设更加开放、民主的政治体制。在制度创新的同时，完善配套政策，确保制度创新能够在更加开放的政治环境中得以推动。

6. 加强国际合作与经验借鉴

面对复杂多元的社会环境，可以通过加强国际合作与经验借鉴来解决。吸取其他国家和地区的成功经验和教训，有助于更好地理解和应对制度创新中的难题，提高改革的成功概率。

7. 注重文化传承与社会教育

在面对社会观念和文化传统的抵制时，需要注重文化传承与社会教育。通过文化教育，提高公众对于传统文化和新理念的认同度，使传统与创新在文化层面实现有机融合。

8. 加强社会治理与舆论引导

针对社会风险，需要加强社会治理和舆论引导。政府、媒体等社会组织可以通过引导公众的舆论，宣传制度创新的意义和益处，减少公众对于变革的担忧，提高社会的稳定性。

在实际的制度创新过程中，往往需要综合运用上述策略，因为每个社会、每个领域的情况都是独特的，没有一种固定的解决方案。关键在于充分考虑各方利益，灵活运用合适的策略，促使制度创新更好地融入社会实践，推动社会的可持续发展。

二、人才培养与管理创新的协调

人才培养与管理创新的协调是当代组织发展中关键的挑战之一。在快速变革的社会背景下，人才的培养和管理创新成为组织持续发展的重要因素。下面将探讨人才培养与管理创新之间的协调关系，分析其重要性、面临的问题，以及可能的解决途径。

（一）人才培养与管理创新的重要性

1. 人才培养的重要性

人才是组织最宝贵的资源之一，其素质和能力直接影响到组织的竞争力和创新能力。通过科学的培养，组织可以培养出适应未来发展需求的高素质人才，提升组织整体实力。

（1）适应性与创新力

良好的人才培养机制可以使员工具备更强的适应性，使其能够迅速适应新的技术、工作方式和组织文化。同时，培养创新力是人才培养的重要目标之一，创新力的提升有助于组织在快速变革的环境中保持竞争力。

（2）持续学习与发展

随着科技和知识的不断更新，员工需要不断学习新知识、新技能以保持竞争力。良好的人才培养机制可以激发员工的学习动力，使其在工作中能够持续学习，实现职业发展。

2. 管理创新的重要性

管理创新是组织在不断变革中保持灵活性和竞争力的重要手段。传统的管理方式难以应对快速变化的市场和复杂多变的组织环境，因此，管理创新成为提升组织适应性和竞争力的核心驱动力。

（1）效率与灵活性

管理创新可以优化组织运作流程，提高工作效率，使组织更具竞争力。同时，灵活的管理方式可以更好地应对市场的变化，迅速调整战略和组织结构。

（2）激发员工潜能

创新的管理方式能够激发员工的潜能，使其更具创造力和积极性。这有助于构建一支富有创意和活力的团队，推动组织持续创新。

（二）人才培养与管理创新面临的问题

1. 缺乏整体规划

在一些组织中，人才培养和管理创新往往是两个独立的领域，缺乏整体规划。这导致了培养出来的人才在实际工作中难以发挥最大的作用，管理创新也难以与人才的实际需求相匹配。

（1）人才培养与业务需求脱节

如果人才培养与组织的业务需求脱节，培养出来的人才可能缺乏实际应用价值。例如，培养出来的人才在某一领域具有专业知识，但却无法适应组织的实际变革和管理创新需求。

（2）管理创新无法贴近员工需求

在一些组织中，管理创新可能脱离员工的实际需求，导致新的管理方式难以在实践中取得良好效果。员工可能感到困惑和阻力，从而难以主动融入新的管理模式。

2. 缺乏沟通和协同

人才培养与管理创新需要各部门之间、各层级之间的良好沟通与协同。然而，在实际操作中，由于信息不畅通、协同机制不健全等问题，导致两者之间的协调存在较大难度。

（1）部门之间信息孤岛

一些组织中，不同部门之间存在信息孤岛，导致人才培养和管理创新的信息流通不畅，难以形成有机的整体。

（2）上下级之间沟通不畅

在一些组织中，上下级之间的沟通可能存在问题。管理层制定的创新管理政策难以被基层员工理解和接受，从而影响了管理创新的实施效果。

3. 人才培养和管理创新的时效性

在快速变革的时代，人才培养和管理创新需要具备较高的时效性。然而，由于一些组织机制的僵化和管理理念的守旧，导致人才培养和管理创新的推进速度滞缓，无法及时适应外部环境的变化，从而影响了组织的灵活性和竞争力。

（1）僵化的组织机制

一些传统组织机制可能存在较为僵化的问题，制度烦琐、流程复杂，难以适应快速变化的市场需求。这使得人才培养和管理创新的过程受到了组织机制的制约。

（2）管理理念守旧

一些组织在管理理念上较为守旧，对于新兴的管理模式和创新理念难以接受。这导致了管理创新的难度，也阻碍了组织在人才培养和管理方面的及时调整和创新。

（三）解决人才培养与管理创新的协调问题的途径

1. 制定整体规划

为了协调人才培养与管理创新，组织应制定整体规划，将两者有机结合起来。整体规划要基于组织的战略目标和业务需求，确保人才培养与管理创新能够有机融合，共同推动组织的发展。

（1）结合业务需求设计培训计划

制定培养计划时，要结合组织的业务需求，确保培养出来的人才具备满足实际业务发展的能力。培训计划可以包括专业技能培训、领导力培训等多个方面，以满足不同层级和岗位的需求。

（2）强调管理创新的人才培养

在人才培养中要注重培养具备管理创新能力的人才。这包括提升员工的沟通协作能力、问题解决能力、创新思维等，使其能够更好地适应快速变化的组织环境。

2. 加强沟通与协同机制

为了解决人才培养与管理创新之间的协调问题，组织需要加强沟通与协同机制，确保信息的畅通和各层级、各部门之间的协同配合。

（1）建立信息共享平台

建立信息共享平台，使得人才培养和管理创新的信息能够及时传达到各个部门和层级。这有助于整体规划的实施，提高组织内部的协同效率。

（2）设立跨部门协作团队

在组织内设立跨部门协作团队，由各个部门的代表组成，共同参与人才培养与管理创新的规划和实施。这有助于形成全员共识，推动协同工作。

3. 强化时效性管理

为了适应快速变革的外部环境，组织需要强化时效性管理，确保人才培养与管理创新能够及时跟进和调整。

（1）定期评估与调整计划

定期对人才培养与管理创新计划进行评估，根据实际情况及时调整。这有助于发现问题、解决问题，使计划更符合组织的实际需求。

（2）推行灵活的管理模式

在管理方面，推行灵活的管理模式，减少烦琐的程序和流程。采用敏捷管理等灵活性较强的模式，有助于提高管理的时效性，适应变化更快的外部环境。

4. 建立创新文化

为了促进管理创新，组织需要建立创新文化，鼓励员工提出新观念、新方法，推动管理创新的实施。

（1）提倡开放式沟通

鼓励员工进行开放式的沟通，允许他们提出自己的观点和建议。这有助于激发员工的创新思维，推动管理创新的发生。

（2）设立创新奖励机制

建立创新奖励机制，对于提出创新性管理方案的员工进行奖励。这有助于营造创新的氛围，激励员工更积极地参与管理创新。

5. 进行培训与培养

为了提高人才的综合素质，组织需要进行培训与培养，使员工能够更好地适应变革并具备管理创新的能力。

（1）培养跨领域能力

通过培训计划，培养员工的跨领域能力，使其具备更广泛的知识和技能。这有助于员工更好地适应多变的组织环境，更灵活地应对复杂多变的管理挑战。

（2）强调团队协作

培训中强调团队协作的重要性，培养员工良好的沟通和合作能力。在管理创新中，团队协作是推动创新的重要因素，培养员工的团队意识和协作技能对于管理创新至关重要。

6. 提供发展机会与职业规划

为了增强员工的归属感和激励，组织需要提供发展机会与职业规划，让员工能够看到自己在组织中的发展前景，从而更积极地参与人才培养与管理创新。

（1）制定个性化的职业规划

根据员工的个性和职业志向，制定个性化的职业规划，使员工在人才培养和管理创新中能够找到自己的定位和发展方向。

（2）提供学习和发展资源

为员工提供学习和发展资源，包括培训课程、学术研讨会等，使其能够不断提升自己的知识和技能。这有助于员工更好地适应组织的管理创新和发展需求。

7. 建立反馈机制

建立有效的反馈机制，及时收集员工的意见和建议，了解人才培养与管理创新过程中存在的问题，并做出及时的调整和改进。

（1）定期员工满意度调查

定期进行员工满意度调查，了解员工对于人才培养和管理创新的满意度和不满意度。通过调查结果，可以找出问题的症结，进行有针对性的改进。

（2）设立意见箱和反馈渠道

设立意见箱和反馈渠道，鼓励员工提出建议和意见。组织要有开放的态度，真正倾听员工的声音，以便更好地改进和协调人才培养与管理创新。

人才培养与管理创新的协调是组织成功发展的重要保障。通过制定整体规划、加强沟通与协同、强化时效性管理、建立创新文化、进行培训与培养、提供发展机会与职业规划、建立反馈机制等多方面的努力，可以有效协调两者之间的关系，促使组织更好地适应外部变革，提高竞争力。

在实际操作中，组织需要根据自身的情况和发展阶段，量身定制适合自己的人才培养和管理创新策略。更重要的是，要保持灵活性和开放性，不断学习和吸收新的理念和方法，不断调整和优化管理模式，以适应不断变化的外部环境，实现组织的可持续发展。

第三节　高等教育管理创新在当前经济时代下面临的挑战

一、科技变革与信息化管理的需求

科技变革与信息化管理的需求是当今社会在不断发展和变革的背景下，组织和企业在面对日益复杂的市场环境和竞争压力时，需要采用先进的科技手段和信息化管理模式来适应和引领潮流。下面将从科技变革的趋势、信息化管理的核心概念、需求和挑战等方面进行论述。

（一）科技变革的趋势

1. 数字化转型

数字化转型是当前科技领域的主要趋势之一。通过将传统业务和流程数字化，采用云计算、大数据、人工智能等技术，实现信息的高效管理和利用，提高工作效率和决策水平。

（1）云计算

云计算作为一种灵活、可扩展的计算方式，能够为组织提供高效的数据存储和处理服务。通过云计算，组织可以更加灵活地调整计算资源，降低运维成本，实现信息化管理的高效性。

（2）大数据

大数据技术允许组织收集、存储和分析海量的数据，从而获取深刻的业务洞察。通过对大数据的分析，组织可以更好地了解市场趋势、客户需求，做出更科学的决策。

2. 人工智能与自动化

人工智能技术在近年来取得了显著的发展，成为科技变革中的关键驱动力之一。自动化、机器学习和自然语言处理等技术的应用，使得各行各业都有了更高效的工作方式和更智能的决策支持。

（1）自动化生产

在制造业和生产领域，自动化技术的应用使得生产过程更加高效、精准。通过智能制造和自动化流水线，组织可以实现生产过程的数字化和智能化管理。

（2）智能客服与助手

在服务行业，人工智能被广泛应用于客户服务。智能客服和虚拟助手通过自然语言处理和机器学习，可以更快速地响应客户需求，提高服务效率。

3. 边缘计算和物联网

边缘计算和物联网技术的兴起使得设备和传感器之间能够更加智能地进行信息交互。这为实现智慧城市、智能工厂等场景提供了可能，也推动了信息化管理的创新。

（1）智慧城市

边缘计算和物联网技术在城市管理中的应用，使得城市能够更好地监测和响应交通、环境等方面的问题，提高城市的运行效率。

（2）智能工厂

在工业领域，物联网技术被广泛用于实现智能工厂。设备之间的联动和信息的实时交互，使得生产过程更加智能化，提高了生产效率和质量。

（二）信息化管理的核心概念

1. 信息化管理

信息化管理是将信息技术应用于组织管理中的一种管理方式。它通过信息化手段来支持组织的决策、协作、运营和创新，以提高组织的整体效能和竞争力。信息化管理的核心概念包括以下几个方面：

（1）数据化决策

信息化管理倡导通过数据分析和信息系统支持决策制定。组织可以利用大数据分析、数据挖掘等技术，从海量的数据中提炼出有价值的信息，为管理层提供更为科学的决策依据。

（2）流程优化与自动化

信息化管理注重业务流程的优化和自动化。通过引入信息系统，组织可以实现业务流程的数字化和自动化，从而提高效率、减少错误，并加强对业务流程的监控和管理。

（3）创新与敏捷性

信息化管理有助于组织实现创新和敏捷性。通过引入新技术，组织可以更灵活地适应市场的变化，更快速地推出新产品和服务，从而保持竞争力。

（4）客户体验和关系管理

信息化管理强调提升客户体验和客户关系管理。通过客户关系管理系统（CRM）等工具，组织能够更好地理解客户需求，提供个性化的服务，增强客户黏性和忠诚度。

2. 信息化管理的要素

信息化管理的要素涵盖了组织内外的多个方面，关系到组织整体运作的各个环节。主要要素包括：

（1）信息系统

信息系统是信息化管理的基础。包括企业资源规划（ERP）系统、客户关系管理（CRM）系统、人力资源管理系统（HRM）等，这些系统的协同作用构成了组织的信息基础设施。

（2）信息安全

随着信息化程度的提升，信息安全问题变得尤为重要。信息安全涉及数据的保护、网络的安全、员工的安全意识等方面，是信息化管理中不可忽视的一环。

（3）数据管理与分析

良好的数据管理和分析能力是信息化管理的关键。组织需要建立完善的数据管理机制，确保数据的质量和准确性，并通过先进的数据分析工具进行深入挖掘和分析，为决策提供有力支持。

（4）人才培养

信息化管理需要有专业的人才支持。这包括具备信息技术专业知识的人才，也需要具备信息化管理理念和实践经验的管理人才。因此，人才培养和引进是信息化管理中不可忽视的一环。

3. 信息化管理的好处

信息化管理为组织带来了诸多好处，对组织的发展和竞争力提升有着积极的影响。

（1）提高工作效率

信息化管理可以优化业务流程，减少烦琐的手工操作，提高工作效率。通过信息系统的协同作用，不同部门之间能够更加高效地进行合作和沟通。

（2）降低成本

通过自动化和数字化，组织可以降低运营成本。例如，通过 ERP 系统实现对供应链的优化管理，降低了库存成本；通过电子文档管理系统减少了纸质文件的使用，降低了存储和维护的成本。

（3）提高决策水平

信息化管理提供了更多、更准确的信息，有助于管理层做出更科学、更准确的决策。数据分析和报告系统使得管理者能够更全面地了解组织的运营状况，更灵活地调整战略。

（4）增强竞争力

信息化管理使组织更加灵活和敏捷，能够更快速地适应市场变化。通过提高服务水平、创新产品和业务模式，组织能够增强在竞争激烈市场中的竞争力。

（三）科技变革与信息化管理的需求

1. 实时数据和业务智能

科技变革与信息化管理的需求之一是实时数据和业务智能。随着业务环境的变化，组织需要能够及时获取并分析最新的业务数据，以便迅速调整战略、优化流程。

（1）实时监控和反馈

组织需要实时监控业务运作情况，及时发现问题并采取措施。这需要建立实时数据采集和监控系统，以便管理层能够随时了解组织的运行状态。

（2）业务智能分析

业务智能分析是信息化管理的重要组成部分。通过人工智能和数据分析技术，组织可以从大量的数据中提取有价值的信息，发现潜在的业务机会和问题，为决策提供科学依据。

2. 云计算和弹性架构

云计算和弹性架构的需求是科技变革和信息化管理的重要方面。组织需要更灵活、可扩展的计算资源，以适应业务波动和快速扩张的需求。

（1）弹性计算和存储

通过云计算服务，组织可以根据实际需求弹性地调整计算和存储资源，避免了传统 IT 基础设施的固定成本和资源浪费。这种弹性计算模式使得组织能够更高效地利用 IT 资源，降低运营成本。

（2）云原生应用

采用云原生应用开发模式，可以使应用更具灵活性、可维护性和可扩展性。云原生技术包括容器化、微服务架构等，有助于组织更好地应对业务的快速变化。

3. 数据安全和隐私保护

随着信息化程度的提升，数据安全和隐私保护变得尤为重要。组织需要加强对数据的保护措施，确保敏感信息不被泄露，符合相关法规和法律的规定。

（1）数据加密和身份认证

采用先进的数据加密技术，保障数据在传输和存储过程中的安全性。同时，加强身份认证，确保只有授权的用户能够访问敏感数据，从而防止非法访问和数据泄露。

（2）合规性和法规遵循

组织需要制定并执行严格的数据管理政策，确保符合相关的合规性和法规要求。这包括对个人隐私信息的保护，对敏感数据的审计和监控，以及在数据处理过程中遵循相关法规的规定。

4. 科技人才培养和招聘

科技变革和信息化管理的需求使得对科技人才的需求更为迫切。组织需要加强对现有员工的培训，同时积极招聘具有先进技术和信息化管理经验的人才。

（1）不断学习的文化

组织需要营造一个鼓励员工不断学习和掌握新技术的文化。通过培训、在线学习平台等手段，帮助员工跟上科技发展的步伐，提高其对新技术的理解和应用能力。

（2）招聘高素质人才

在招聘过程中，组织需要更注重招聘高素质、有创新精神和信息化管理经验的人才。这些人才能够更好地推动组织实施科技变革和信息化管理。

5. 创新文化和敏捷开发

科技变革和信息化管理需要组织具备创新文化和敏捷开发的能力。组织应鼓励员工提出新的想法，推崇敏捷的开发模式，以更快速地响应市场需求和变化。

（1）鼓励创新和实验

组织应该鼓励员工提出新的创意和想法，并提供实验的机会。这有助于激发员工的创新意识，推动科技变革和信息化管理的实践。

（2）敏捷开发模式

采用敏捷开发模式，能够使组织更快速地推出新产品和服务。敏捷的开发方法强调团队合作、迭代开发和用户反馈，有助于更灵活地应对变化。

（四）挑战与应对策略

1. 安全与隐私挑战

随着信息化的深入，数据安全和隐私保护成为一个突出的挑战。组织需要采取有效的安全措施，包括强化网络安全、实施数据加密、定期进行安全审计等，以确保信息安全。

2. 人才短缺与培养

科技变革和信息化管理对组织的科技人才提出了更高的要求，但同时也带来了人才短缺的挑战。为了解决这一问题，组织可以采取以下应对策略：

（1）拓宽招聘渠道

通过拓宽招聘渠道，包括线上招聘、校园招聘、社交媒体招聘等，吸引更多高素质的科技人才加入组织。同时，可以与高校、研究机构建立合作关系，共享科技人才资源。

（2）建立培训计划

制订有针对性的培训计划，对现有员工进行科技培训，提高其适应新技术的能力。培训可以涵盖技术知识、创新思维、团队协作等方面，使员工能够更好地应对科技变革和信息化管理的挑战。

（3）提升企业吸引力

通过提升企业的吸引力，包括提供具有竞争力的薪酬福利、优越的工作环境、发展晋升机会等，吸引更多的科技人才加入组织。同时，建立良好的企业文化和团队氛围，激发员工的归属感和忠诚度。

3. 技术更新和转型

随着科技的迅速发展，组织在信息化管理中需要不断更新和转型。这涉及技术架构的升级、旧系统的替换以及组织文化的调整。为了应对这一挑战，可以采取以下策略：

（1）制订科技更新计划

制订明确的科技更新计划，确保组织始终使用最新的技术和系统。这需要对当前技术进行定期评估，对存在滞后的技术进行更新，以提高系统的性能和安全性。

（2）推动数字化转型

数字化转型是组织适应科技变革的关键。推动数字化转型包括优化业务流程、引入先进的数字技术、构建数字化生态系统等。这需要全面的规划和领导层的积极支持。

（3）强调敏捷开发和迭代

采用敏捷开发和迭代的方法，可以使组织更加灵活地应对技术的变化。这种方法强调快速响应市场需求、迭代开发和用户反馈，有助于减少技术更新带来的不适应和风险。

4. 信息安全与合规性

信息安全与合规性是信息化管理中的重要方面，也是一个持续面临的挑战。为了确保信息安全和合规性，组织可以采取以下措施：

（1）建立健全的信息安全政策

制定并执行健全的信息安全政策，确保所有员工了解并遵守相关规定。包括对敏感信息的保护、网络安全的措施、设备和系统的安全管理等方面。

（2）进行定期的安全审计和漏洞监测

定期进行安全审计，检查组织的信息系统、网络和应用程序是否存在潜在的安全隐患。同时，进行漏洞检测，及时修复发现的漏洞，以防止被恶意利用。

（3）遵守相关法规和合规性要求

了解并遵守相关法规和合规性要求，特别是涉及个人隐私和数据保护的法规。建立合规性管理体系，确保组织在信息处理过程中不违反法规和规定。

5. 技术标准和整合

随着科技的不断发展，组织可能面临来自不同技术标准和系统的碎片化。为了应对这一挑战，组织可以采取以下策略：

（1）制定统一的技术标准

制定统一的技术标准，确保不同部门和团队采用的技术能够互相兼容和整合。这需要领导层的统一决策和明确的技术架构规划。

（2）引入集成平台和解决方案

引入集成平台和解决方案，帮助组织更好地整合不同系统和应用。集成平台可以提供统一的接口和数据传输方式，减少系统之间的隔阂，提高整体的协同效率。

（3）持续监测和更新

持续监测技术标准的变化和更新，确保组织始终采用符合行业和市场趋势的最新技术标准。这需要建立专门的技术监测机制和团队，以及及时的技术培训计划，以确保组织在科技标准方面保持领先地位。

6. 业务流程优化与变革

科技变革和信息化管理通常需要对组织的业务流程进行优化与变革，以适应新的技术和管理模式。这可能引发一系列的挑战，需要综合考虑业务需求和组织文化，采取有效的变革管理策略：

（1）业务目标和价值

在进行业务流程优化和变革时，确保明确业务目标和期望的价值。将变革与组织整体战略紧密衔接，使得每一项变革都有助于实现组织长远的发展目标。

（2）参与和沟通

引入变革通常会影响到组织内部的各个层面，因此需要广泛地参与和沟通。与员工和各层管理层进行有效的沟通，解释变革的原因和目标，减少不确定性和抵触情绪。

（3）变革管理团队

建立专门的变革管理团队，负责规划和执行变革计划。该团队应具备变革管理的专业知识，能够监督变革的进展并及时调整策略。

（4）培训和支持

对于变革涉及的新技术和流程，提供足够的培训和支持是至关重要的。确保员工能够快速适应新的工作方式，降低变革过程中的阻力。

7. 市场竞争和不确定性

科技变革和信息化管理使得组织更容易适应市场变化，但同时也面临着市场竞争和不确定性的加剧。为了在竞争激烈的市场中立于不败之地，组织可以采取以下策略：

（1）敏锐的市场洞察

建立敏锐的市场洞察机制，及时获取市场动态、竞争对手信息以及客户需求变化。这可以通过市场调研、数据分析等手段实现，为组织提供及时的决策支持。

（2）灵活的战略调整

制定灵活的战略计划，能够在市场变化时迅速调整方向。不断评估组织的战略目标，根据市场反馈和内外部环境的变化，及时做出调整和优化。

（3）强化品牌建设

在市场竞争中，强化品牌建设是关键一环。通过提供优质的产品和服务，树立良好的企业形象，能够吸引更多客户，并提高市场份额。

（4）创新与差异化竞争

不断推动创新，通过研发新产品、新技术或提供独特的服务，实现差异化竞争。这有助于组织在市场中找到自己的定位，并获得竞争优势。

8. 技术合作与生态建设

在科技变革和信息化管理中，技术合作和生态建设可以加速组织的创新和发展。面临的挑战主要包括：

（1）合作伙伴选择

选择合适的技术合作伙伴对于组织的成功至关重要。需要对潜在的合作伙伴进行全面评估，包括其技术实力、信誉度、安全性等因素。

（2）生态系统构建

建设健康的技术生态系统，可以通过与其他组织、创新型企业、初创公司等建立合作关系。共享资源、经验和创新成果，促进科技变革和信息化管理的快速推进。

（3）创新文化融合

在技术合作和生态建设中，不同组织可能有不同的文化和价值观。组织需要在合作过程中注重文化融合，建立共同的目标和理念，以确保合作的顺利进行。

科技变革和信息化管理是当今社会和企业发展中的必然趋势，它们为组织带来了无限的发展机遇，同时也伴随着一系列挑战。在这个充满变革的时代，组织需要不断创新、适应变化，通过科技变革和信息化管理来提升国际竞争力和影响力。

二、经济全球化与国际竞争的挑战

随着科技的飞速发展、国际贸易的深入合作以及信息传播的全球化，全球经济正经历着空前的互联互通。这一全球一体化的过程，通常被称为经济全球化。经济全球化为世界各国带来了更多的机遇，然而，与之伴随而来的国际竞争也变得更加激烈。下面将深入探讨经济全球化与国际竞争的关系，分析其对各国经济体系、企业和劳动力市场带来的挑战，同时探讨如何有效应对这些挑战。

（一）经济全球化的概念与趋势

1. 经济全球化的定义

经济全球化是指各国的经济活动在全球范围内更加紧密、深入地互相联系、互相依存的一种发展趋势。这种联系和依存主要表现在国际贸易、国际资本流动、国际投资、国际分工等方面。经济全球化使得全球各国之间的经济关系变得更为复杂，国家和企业之间的竞争逐渐升级。

2. 经济全球化的主要特征

（1）自由化的国际贸易

经济全球化的一个显著特征是国际贸易的自由化。各国之间逐渐取消贸易壁垒，推动了货物和服务的自由流通。国际贸易合作区和自由贸易协定的签署成为推动这一过程的重要手段。

（2）跨国公司的崛起

随着全球化的推进，跨国公司逐渐崛起成为全球经济的主导力量。这些公司在全球范围内设立生产基地、销售网络，形成跨国经济体系，对全球资源进行配置和整合。

（3）资本和金融市场的国际化

国际资本流动性的增强是经济全球化的另一体现。全球范围内的资本市场变得高度互联，国际直接投资成为跨国公司获取资源和市场的主要途径。

（4）信息技术的革命

信息技术的迅猛发展为经济全球化提供了有力支持。互联网、大数据、人工智能等技术的广泛应用，使得信息在全球范围内迅速传播，企业和个人之间的交流更加便捷。

3. 经济全球化的推动因素

（1）技术创新与信息通信技术的发展

先进的技术创新是推动经济全球化的重要动力。信息通信技术的飞速发展使得跨国公司能够更加高效地组织全球生产和分销网络，推动了全球产业链的形成。

（2）贸易自由化的推动

各国在国际贸易上逐渐取消关税和非关税壁垒，积极参与多边和双边的自由贸易协定，促进了全球贸易的自由化。贸易自由化的推动使得商品和服务更加自由流通，促进了全球分工和资源优化配置。

（3）金融自由化

金融自由化使得跨国资本流动更加便利。各国开放金融市场，吸引更多的外国投资，同时也为本国企业提供了更多的融资渠道。这推动了资本在全球范围内的自由流动，增强了国际经济联系。

（4）跨国公司的兴起

跨国公司的崛起是经济全球化的主要推动力之一。这些公司在全球范围内建立生产和销售网络，通过整合全球资源和市场，提高了全球生产效率，也在一定程度上拉动了全球经济的增长。

（二）国际竞争的加剧

1. 全球市场的竞争

经济全球化使得企业面临全球市场的激烈竞争。传统国界几乎不再是企业的限制，企业需要在全球范围内寻找市场机会，同时也需要面对来自全球的竞争对手。这种全球市场的竞争迫使企业提高自身的竞争力，不断创新、提高产品质量和服务水平。

2. 跨国公司的角力

随着经济全球化，跨国公司成为全球经济的主要参与者。这些公司通过跨国生产和全球供应链的建立，迅速响应市场需求，获取更广阔的市场份额。跨国公司之间的竞争主要体现在技术创新、品牌影响力、成本管理等方面。

3. 人才竞争与国际移民

经济全球化加剧了全球范围内的人才竞争。优秀的人才成为企业成功的关键因素，而各国之间为了争夺这些人才展开了激烈的竞争。国际移民成为人才流动的一种主要方式，各国纷纷制定政策吸引和留住高层次人才，形成了全球范围内的人才竞争局面。

4. 资源和供应链竞争

跨国公司通过建立全球化的供应链，充分利用各国的资源和生产要素。这导致了全球范围内的资源和供应链竞争，各国和企业之间为获取更优质、更便宜的资源展开竞争。这种竞争形式多体现在原材料、能源、劳动力等方面。

（三）经济全球化与国际竞争带来的挑战

1. 市场准入壁垒

虽然经济全球化使得市场更加开放，但各国仍然存在着不同的市场准入壁垒。这包括关税、贸易限制、法规标准等。企业在全球市场上面临着需要不断适应和应对的市场准入挑战，而这也使得国际竞争更为复杂。

2. 资源分配不均

经济全球化使得一些国家和企业能够更好地获取全球资源，而另一些国家可能由于资源匮乏、技术水平低等原因而陷入不利地位。资源分配不均导致了全球贫富差距的进一步扩大，是一个亟待解决的挑战。

3. 知识产权保护不力

知识产权在全球范围内的保护问题是经济全球化与国际竞争中的一个突出挑战。由于各国知识产权法律和执行力度的不同，一些企业可能面临着知识产权被侵犯的风险。盗版、仿制品、知识产权侵权等现象不仅损害了创新者的利益，也影响了全球市场的公平竞争环境。保护知识产权成为了国际竞争中的一项重要任务，需要各国间加强协作，制定更为严格和一致的知识产权保护法规。

4. 政治和法律环境的不稳定性

经济全球化与国际竞争在某种程度上受到政治和法律环境的制约。国际关系的变化、国际贸易纠纷、政治动荡等都可能对企业的全球化运作产生负面影响。政治和法律环境的不稳定性给企业带来了不确定性，也使得企业需要更加谨慎地评估全球市场的风险。

5. 汇率波动和金融风险

全球经济一体化导致了不同国家之间货币汇率的波动。企业在全球范围内经营时，需要面对不同国家货币的汇率风险，这可能对企业的财务状况和盈利能力产生重要影响。金融市场的不确定性和波动性也为企业的全球经营带来了金融风险，要求企业具备更强大的风险管理能力。

6. 跨文化管理与人才挑战

跨国经营需要企业具备跨文化管理的能力。不同国家和地区之间存在文化差异，包括语言、习俗、价值观等方面。企业需要适应并处理好这些差异，确保在全球范围内的运营和团队合作。同时，人才的引进、培养和管理也面临着巨大挑战，因为跨国公司需要更广泛的人才储备来适应全球化的竞争。

（四）应对挑战的策略

1. 强化创新能力

在激烈的国际竞争中，创新成为企业立于不败之地的重要因素。企业需要加大对研发和创新的投入，积极引进先进技术，建立创新体系，提升产品和服务的竞争力。与此同时，建立强大的知识产权保护机制，确保企业的创新成果能够受到充分的保护。

2. 加强国际市场拓展

面对全球市场的竞争，企业需要制定明智的国际化战略。这包括选择适宜的国际市场、了解当地市场需求、适应当地法规和文化等方面。同时，建立全球化的供应链和销售网络，以更高效地服务全球客户。

3. 提升人才培养和管理水平

人才是企业竞争的核心。企业需要加强对人才的引进、培养和管理，建立灵活的人才管理制度，吸引和留住优秀的员工。同时，跨文化管理能力的提升也是关键，培养具有全球视野和跨文化沟通技能的管理团队。

4. 健全风险管理体系

在全球化的经济环境下，企业需要健全的风险管理体系。这包括对市场风险、汇率风险、政治风险等的评估和预测。建立全面的金融管理机制，采用多元化的投资和融资策略，以降低金融风险。

5. 加强国际合作与社会责任

企业需要加强与不同国家和地区的国际合作，包括与政府、企业、非政府组织等的合作。同时，积极履行社会责任，关注环境、社会、治理等方面的问题，提升企业在全球社会的声誉。

经济全球化与国际竞争是当今全球经济面临的重大挑战。虽然全球一体化为企业提供了更广阔的发展空间，但也带来了复杂的国际竞争格局。企业在应对挑战时，需要具备创新能力、战略眼光、全球化视野和强大的管理水平。通过加强创新、拓展国际市场、培养人才、健全风险管理体系以及加强国际合作与社会责任，企业能够更好地适应经济全球化带来的变革，提高在国际竞争中的竞争力。

同时，各国政府也应该在促进全球合作的同时，制定更加开放、透明和稳定的法规政策，为企业提供更有利的国际化发展环境。加强国际经济组织和国际贸易体系的协调合作，促进多边主义，有助于构建更加公正和可持续的全球经济秩序。

在经济全球化和国际竞争的浪潮中，企业和国家需要以开放的心态迎接挑战，以创新的能力引领发展，以合作的精神共同应对全球性问题。只有通过共同努力，才能实现经济全球化和国际竞争的双赢局面，推动全球经济的可持续繁荣。

三、社会多元化与人才培养的复杂性

随着社会的发展和变革，多元化成为一个日益突出的社会特征。社会多元化体现在人们的文化、宗教、性别、年龄、种族、性取向等多个维度上。这种多元化带来了丰富的社会资源和生活体验，同时也为人才培养提出了更为复杂的挑战。下面将深入探讨社会多元化对人才培养的影响，分析多元化背景下的人才培养策略和应对复杂性的方法。

（一）社会多元化的维度

1. 文化多元化

文化多元化是指在一个社会中存在着多种文化共存、相互交融的现象。不同的文化背景包括语言、宗教、价值观念等，形成了丰富多彩的文化体系。在全球化的浪潮下，文化多元化变得更为明显，人们在不同文化之间交流，形成了跨文化的社会环境。

2. 性别多元化

性别多元化关注的是男性和女性在社会中的平等地位和权利。性别多元化的推动使得社会更加注重性别平等，鼓励女性参与各个领域的工作和学习，同时也促使社会对性别刻板印象的反思和改变。

3. 种族和民族多元化

种族和民族多元化强调在一个社会中存在着来自不同种族和民族的人们，形成了多元的种族和民族组成。这涉及不同人群之间的相互理解、尊重和包容，同时也与移民和流动人口的增加有关。

4. 年龄多元化

年龄多元化关注不同年龄阶段的人在社会中的地位和作用。随着社会的老龄化趋势，年龄多元化变得尤为重要，涉及职场中不同年龄段员工的协同工作、教育体系中不同年龄学生的教育需求等方面。

（二）社会多元化对人才培养的影响

1. 提出了更高的人才需求

社会多元化使得人们对多样化人才的需求越来越高。企业和组织需要更具包容力的人才，能够适应不同文化、性别、种族等方面的多元化环境。这意味着人才培养需要更多地考虑培养学生或员工的跨文化沟通能力、团队协作能力以及对多元化环境的适应能力。

2. 强调了全球视野和国际化素养

在全球化的时代，社会多元化对人才培养提出了更高的要求，要求个体具备全球视野和国际化素养。这包括对不同文化的理解、尊重和适应能力，能够在国际化的背景下更好地发挥作用。

3. 拓宽了专业领域的多元发展

社会多元化不仅体现在人们的身份认同上，也表现在各个领域的多元发展上。不同文化、性别、种族等因素的考量使得各个专业领域需要更多元的人才，这要求人才培养机构和企业更加注重跨学科、跨领域的培养。

4. 促进了创新和不同思维方式的融合

社会多元化为创新提供了更广阔的空间。不同文化和背景的人在思考问题、解决难题时，往往能够带来不同的思维方式和创新观点。因此，人才培养需要鼓励多元化的思考，培养学生或员工具有包容性思维和创新能力。

（三）人才培养的复杂性

1. 个体差异的考量

由于社会多元化的存在，每个个体都具有独特的义化、性别、年龄、宗教等特征，这使得人才培养变得更加复杂。个体差异需要被充分考虑，以确保培养的方案能够兼顾到不同背景和需求的学生或员工。这意味着教育机构和企业需要制定个性化的培养计划，关注每个个体的发展需求，提供相应的支持和资源。

2. 跨学科和跨领域的融合

社会多元化要求人才培养不仅仅关注专业知识，还需要关注跨学科和跨领域的融合。这涉及各种知识体系之间的整合，要求培养学生或员工具有多方面的能力和综合素养。因此，培养计划需要更强调实际问题解决能力、团队协作能力和创新能力等方面的培养。

3. 跨文化沟通的挑战

社会多元化使得人才培养面临跨文化沟通的挑战。不同文化间存在着语言、礼仪、价值观念等方面的差异，要求培养学生或员工具备良好的跨文化沟通能力。这需要培训他们具有敏感性、包容性和适应性，能够在跨文化环境中有效沟通和合作。

4. 反思和批判性思维的培养

社会多元化背景下，培养学生或员工的反思和批判性思维变得尤为重要。他们需要能够审视自己的文化、观念和偏见，理解多元化环境中的不同立场和视角。这要求培养计划注重培养学生或员工的思辨和分析能力，使其具备独立思考和判断的能力。

5. 领导力和团队管理的挑战

多元化的团队管理需要领导者具备更强大的领导力和团队管理技能。领导者需要能够理解和尊重团队成员的差异，促进团队协作和凝聚力。因此，人才培养应注重培养学生或员工的领导力素养，使其能够胜任多元化团队的管理与协调工作。

6. 持续学习的要求

社会多元化的快速变化要求人才具备持续学习的能力。培养计划需要培养学生或员工的学习动力和学习方法，使其能够适应不断变化的社会环境。这意味着培养计划应该注重培养学习兴趣、自主学习和团队学习的能力。

（四）应对社会多元化的人才培养策略

1. 制订多元化的教育计划

教育机构和企业应制订多元化的教育计划，充分考虑到不同群体的需求和特点。这包括设置跨文化交流课程、性别平等培训、多元化领导力培训等，以确保培养出具备多元化素养的人才。

2. 强调实践和实际问题解决

培养计划应强调实践教育和实际问题解决能力的培养。通过项目式学习、实习经验等方式，使学生或员工能够在实际环境中应用所学知识，培养实际问题解决的能力。

3. 加强跨学科和跨领域的合作

教育机构和企业可以促进跨学科和跨领域的合作。设立交叉学科的研究中心、组织跨领域的团队项目等方式，鼓励学生或员工在不同领域间进行学科整合和知识交流。

4. 强化跨文化沟通培训

培养计划应加强跨文化沟通培训，提高学生或员工的跨文化沟通能力。这可以通过语言培训、文化交流活动、国际实习等方式进行，使他们能够更好地在多元化环境中交往和合作。

5. 注重领导力和团队管理培训

为培养多元化背景下的优秀领导者，培养计划应注重领导力和团队管理培训。通过领导力讲座、团队合作项目等方式，提高学生或员工的领导力水平和团队协作能力。

6. 倡导多元化和包容性文化

教育机构和企业应倡导多元化和包容性文化。这包括制定多元化政策、创建包容性的工作环境、鼓励员工参与多元化倡议等，以促进社会的包容性和多元化。通过创建开放、尊重差异的文化氛围，可以使得学生或员工更加愿意分享自己的观点和经验，从而更好地融入多元化的社会环境。

7. 推动终身学习理念

面对社会多元化的快速变化，培养计划应该推动终身学习的理念。这意味着学生或员工需要具备主动学习、不断更新知识的能力。培训机构和企业可以提供各种形式的继续教育和职业发展机会，使个体能够适应社会的快速发展。

8. 强化社会责任教育

社会多元化的背景下，培养计划应强化社会责任教育。培养学生或员工具备社会责任感，关注社会公益事业，通过参与社会活动、志愿服务等方式，培养他们的社会参与意识和责任担当能力。

社会多元化对人才培养提出了更为复杂和全面的要求。多元化的社会背景使得培养计划需要更加灵活、个性化，并注重学生或员工的跨文化沟通能力、团队协作能力、领导力、终身学习意识等方面的培养。在社会多元化的大环境下，培养出具备多元化素养的人才将更好地适应未来社会的挑战，为社会的繁荣和进步做出积极的贡献。因此，教育机构和企业应积极应对社会多元化的挑战，制定科学合理的培养策略，为个体的全面发展和社会的可持续发展创造更为有利的条件。

第四节　高等教育管理创新的现实呼唤必要性

一、国家战略与高等教育改革的要求

高等教育在国家发展战略中扮演着举足轻重的角色。随着社会经济的迅速发展、科技创新的加速推进以及国际竞争的日益激烈，各国都将高等教育作为提升综合国力和培养创新人才的重要手段。在这一背景下，国家战略与高等教育改革的关系愈发密切。下面将深入探讨国家战略对高等教育改革的要求，分析高等教育在国家发展中的地位和使命，以及国家如何通过制定战略推动高等教育的改革与发展。

（一）高等教育在国家战略中的地位

1. 培养创新型人才

高等教育是培养创新型人才的重要阵地。创新是推动国家发展的核心动力，而高等教育则是培养和造就创新型人才的主渠道。创新型人才不仅仅是在特定专业领域有深厚造诣的专业人才，更要具备跨学科的综合素养，具有解决复杂问题和应对未来挑战的能力。

2. 推动科技进步

高等教育是科技创新的重要支撑。通过开展科学研究、培养科研人才，高等教育机构成为国家科技创新的重要基地。一流的大学和研究机构能够吸引顶尖科研人才，组建高水平的研究团队，推动科技进步，为国家在全球科技竞争中占据有利地位。

3. 促进文化传承与创新

高等教育也是文化传承与创新的承载者。通过人文教育、社会科学研究等方式，高等教育机构能够传承国家文化传统，培养有国际视野的文化精英，同时也要引领文化创新，推动文化产业的繁荣。

4. 塑造国家软实力

国家软实力体现在其文化、科技、教育等方面。优质的高等教育体系是提升国家软实力的有效手段。世界一流的大学和研究机构能够吸引国际学生和学者，推动国际学术交流，提高国家在全球范围内的声望和影响力。

（二）国家战略对高等教育改革的要求

1. 适应科技创新需求

随着科技创新的不断推进，国家战略对高等教育提出了更高的要求。高等教育应该更好地适应科技创新的需求，培养更多的工程技术人才、信息技术人才、人工智能领域的专业人才等，满足国家在科技前沿领域的人才需求。

2. 强调创新创业能力

国家战略强调创新创业是经济发展的重要动力。高等教育需要注重培养学生的创新创业能力，提供更多的创业支持和资源，鼓励学生创业实践。创业教育和创新创业中心的设立，能够为学生提供实践机会，培养他们的创新思维和实际操作能力。

3. 建设高水平科研平台

为了适应国家战略的科技创新需求，高等教育需要建设高水平的科研平台。这包括实验室、研究中心、科研基地等，为科研人才提供良好的研究条件和支持。政府应该加大对高水平科研平台的投入，鼓励高校与企业、研究机构合作，推动科研成果的产业化和应用。

4. 提升人才培养质量

国家战略要求高等教育提升人才培养质量，培养更具国际竞争力的人才。这需要高校调整专业设置，注重实践能力和综合素养的培养，推动课程体系和教学方法的创新。国家可以通过加大对高水平本科教育和研究生培养的支持力度，推动高校提升人才培养水平。

5. 加强国际交流与合作

国家战略鼓励高等教育机构加强国际交流与合作。这包括拓展国际学术交流平台，引进国际优秀教育资源，鼓励教师和学生参与国际研究项目。通过国际化的教育合作，提高高校的国际声誉，促进国际人才流动，为国家培养更具国际竞争力的高层次人才。

6. 推动教育信息化发展

国家战略强调信息技术在未来社会的重要性，高等教育需要积极响应。推动教育信息化发展，提升教育资源的数字化水平，开发在线教育和远程教育，促进教育公平，满足社会对灵活、便捷学习方式的需求。

7. 强化人才培养与用人需求对接

为了更好地满足国家战略发展的需求，高等教育需要与产业用人需求紧密对接。这包括加强与企业的合作，建立产学研用一体化的人才培养模式，制定更贴近市场需求的培养计划，推动学科专业与产业需求的结合。

（三）国家战略与高等教育改革的挑战

1. 人才培养质量和数量矛盾

国家战略对高等教育提出了更高水平的人才培养要求，但在数量和质量之间存在矛盾。提高培养质量需要更多的教学资源和师资力量，而扩大规模则可能对质量造成影响。因此，如何在提高质量的同时保障数量的增长，是高等教育面临的一项挑战。

2. 科技创新与产业发展不协调

国家战略要求高等教育更好地服务科技创新与产业发展，但在头际操作中存在协调不足的问题。科研成果难以迅速转化为产业发展的实际生产力，产业需求与高校科研方向之间存在一定的脱节。高等教育机构需要更灵活地调整研究方向，与产业进行深度对接，推动科技创新更好地为产业发展提供支撑。

3. 人才培养与用人市场的信息不对称

在人才培养与用人市场之间存在信息不对称的问题。高校往往难以准确了解市场对人才的实际需求，而用人市场也难以全面了解高校培养出的毕业生的实际水平。这导致了人才培养与用人之间的匹配问题，需要建立更加有效的信息沟通机制，以促进高校培养的人才更好地适应市场需求。

4. 教育信息化带来的挑战

随着国家战略对教育信息化的要求，高等教育面临信息技术与教育模式融合的挑战。教育信息化需要不仅仅是技术的引入，更需要改变传统的教育理念、教学方法，培养教师具备数字化教育理念和技术应用能力。同时，保障教育信息化的安全性、隐私保护也是一个亟待解决的问题。

5. 国际交流与合作的挑战

国际交流与合作在国家战略中被强调，但在实际推动中也面临一些困难。不同国家教育体制的差异、文化差异以及语言障碍等问题都会影响国际合作的深入开展。高等教育机构需要更具灵活性，采取多元化的合作模式，克服跨文化交流带来的困扰。

6. 资源分配不均衡

国家战略对高等教育提出了更高要求，但在资源投入方面存在不均衡的问题。一些高校在师资、实验设备、科研项目等方面资源丰富，而一些地区或院校则相对匮乏。需要通过更加合理的资源配置和政策支持，推动高等教育的全面发展，缩小不同地区、不同高校之间的差距。

（四）应对挑战的高等教育改革策略

1. 深化课程体系和教学方法改革

为适应国家战略对高等教育的要求，高校应深化课程体系和教学方法的改革。重视实践教育、跨学科学习，培养学生创新创业能力。采用现代信息技术手段，拓展在线教育和远程教育，提高教育资源的利用效率。

2. 加强科研与产业对接机制

高等教育机构应建立更加紧密的科研与产业对接机制。鼓励教师参与产业项目，加强与企业、研究机构的合作，推动科研成果的转化。制定激励政策，促使高校更好地服务社会和产业发展。

3. 促进国际化办学

促进国际化办学，是适应国家战略的重要举措。高校可以加强与国际一流大学的合作，推动学术研究的国际合作。通过引进国际先进教育理念、培养国际化人才，提升高校的国际影响力。

4. 强化创新创业教育

为培养更多创新创业人才，高等教育应强化创新创业教育。设立创新创业中心、孵化器，为学生提供创业支持和创新实践机会。与企业合作，组织实践性项目，提高学生的实际操作能力。

5. 加强师资队伍建设

师资力量是高等教育的关键。为适应国家战略对高等教育的要求，高校需要加强师资队伍建设。加大对优秀教师的吸引和培养，建立科研骨干和青年教师的培养体系。同时，推动教师的继续培训和专业发展，使其紧跟时代发展。

6. 健全信息化安全体系

随着教育信息化的发展，高等教育需要健全信息化安全体系。加强网络安全建设，保障学生和教师的信息隐私安全。建立健全的教学管理系统，提高教育资源的数字化管理水平。同时，加强对师生的信息安全教育，提高他们对网络安全的警惕性。

7. 强调终身学习理念

为适应快速变化的社会需求，高等教育应强调终身学习理念。建立灵活的学分制度，提供多样化的学习途径和课程选择，支持学生在职业发展过程中的不断学习。高校可与企业合作，推出职业培训项目，帮助员工不断提升职业素养。

8. 加强社会责任教育

高等教育机构应当加强社会责任教育，培养学生的社会责任感和公民意识。通过社会实践、志愿服务等方式，让学生更好地理解社会问题，关心社会发展，培养他们参与社会事务的积极态度。

国家战略对高等教育提出了更高层次、更全面的要求。高等教育机构应当充分认识国家战略对自身发展的影响，积极响应国家战略，加强改革创新，提升人才培养质量，推动科研创新，服务社会和产业发展。在应对挑战的过程中，高等教育需要注重平衡数量与质量、科研与产业的关系，促进国际交流与合作，推动信息技术与教育的深度融合，加强师资队伍建设，强化创新创业教育，健全信息化安全体系，强调终身学习理念，加强社会责任教育。通过这些努力，高等教育将更好地服务于国家发展战略，培养更具综合素养和创新能力的人才，为国家长远发展打下坚实基础。

二、社会需求与教育服务的适应

随着社会的发展和变革，教育作为社会进步的重要引擎，承载着满足不断变化的社会需求的责任。教育服务的适应性变得尤为重要，需要与时俱进，满足社会对人才培养、知识传递和综合素养提升的新需求。下面将深入探讨社会需求与教育服务的适应关系，分析如何使教育更好地满足社会需求，以及教育服务在适应社会变革中的角色与挑战。

（一）社会需求对教育的引领作用

1. 经济结构的变革与人才需求

随着经济结构的不断调整和产业的升级，社会对人才的需求也发生了巨大变化。传统产业逐渐减少，新兴产业不断涌现，对于高技能、高素质、创新能力强的人才需求日益增加。因此，教育需要紧密关注社会经济发展趋势，调整课程设置，培养更符合新产业需求的人才。

2. 科技创新与知识更新的迅速

科技创新的快速发展使得社会对知识更新的需求日益迫切。新的科技、新的理论层出不穷，传统教育体系可能滞后于实际需求。因此，教育服务需要不断更新教学内容，注重培养学生的自主学习能力，使其具备适应快速变化的知识体系的能力。

3. 全球化与跨文化交流的增多

全球化使得不同文化、不同国家之间的交流更加密切。社会对于具有跨文化沟通能力、国际化视野的人才的需求明显增加。教育服务需要更多关注国际化教育，培养学生的语言能力、跨文化沟通技能，使其更好地适应全球化的发展趋势。

4. 人文素养和社会责任的强调

社会对于人文素养和社会责任的重视也在不断加强。除了专业技能，教育需要更加注重培养学生的综合素养，包括人文精神、社会责任感、道德品质等。这对教育提出了更高层次的要求，需要教育服务更加注重全面素养的培养。

（二）教育服务的适应性调整

1. 课程体系与教学方法的灵活性

为适应社会需求的变化，教育服务需要调整课程体系和教学方法，注重培养学生的实际操作能力和解决问题的能力。引入实践课程、项目式教学，开展实习实训，使学生更好地掌握所学知识并能够灵活运用于实际工作中。

2. 创新人才培养模式

创新是社会发展的重要推动力，因此教育服务需要创新人才培养模式。建立产学研用一体的人才培养模式，加强与企业的合作，将实际项目纳入教学计划，使学生在学习过程中能够接触到真实的工作场景，提高解决实际问题的能力。

3. 提升教师的教学水平

适应社会需求的变化，不仅仅需要调整教学内容，也需要提升教师的教学水平。教育服务应该加强教师的培训和发展机会，使其能够更好地理解社会需求，更新教育理念和教学方法。鼓励教师参与产业项目和实践，保持与行业的紧密联系，以更好地指导学生适应社会的要求。

4. 引入新科技手段促进教育变革

新科技的不断发展为教育服务的适应性调整提供了新的机遇。引入先进的信息技术、人工智能等科技手段，推动教育内容的个性化和数字化，为学生提供更灵活的学习方式。在线教育、远程教育等模式的发展，可以满足社会对灵活学习的需求，提升教育服务的适应性。

5. 加强与行业的深度合作

为更好地适应社会需求，教育服务需要加强与行业的深度合作。建立校企合作的长效机制，共同制定培养方案，提供实践实习机会，加强产业与教育的对接，确保培养出更符合市场需求的专业人才。

6. 建立学科交叉与综合素养的培养体系

随着社会对全面素养的需求增加，教育服务需要建立学科交叉的培养体系，强调综合素养的培养。不仅要注重学科专业知识的传授，还要培养学生

231

的创新能力、团队协作能力、跨文化沟通能力等综合素养，使其更好地适应复杂多变的社会环境。

7. 加强国际化视野的培养

社会的全球化发展趋势要求教育服务更加注重国际化视野的培养。建立国际化的课程体系，鼓励学生参与国际交流项目，引入国际化的教学资源，使学生能够更好地适应全球化的社会背景。

（三）教育服务在适应社会变革中的角色与挑战

1. 角色：社会需求的引领者和服务提供者

教育服务在适应社会变革中扮演着引领者和服务提供者的重要角色。通过了解社会对人才的需求，教育服务可以调整课程设置、创新人才培养模式，为社会提供更适应需求的专业人才。教育服务也需要积极主动地为学生提供支持，满足其个体发展的需求。

2. 挑战：适应性调整的复杂性

适应社会需求的变化是一个复杂而长期的过程。不同行业、不同领域的需求差异巨大，教育服务需要有针对性地进行调整。同时，社会变革的速度和深度也对教育服务提出了更高的要求，需要更加灵活、敏捷地应对各种变化。

3. 角色：推动社会发展的助推器

教育服务作为推动社会发展的助推器，通过培养具备创新能力、实践能力和综合素养的人才，为社会注入活力。教育服务还可以通过与产业、科研机构的深度合作，促进科技创新和知识产业的发展，为社会提供更丰富的人才资源。

4. 挑战：资源分配与师资培养

适应社会需求的变化需要更多的资源投入，包括改善教育设施、更新教学设备、提升师资水平等。资源分配的不均衡可能导致一些地区或学校无法充分适应社会变革的需求。同时，师资队伍的培养也是一个长期的挑战，需要不断提升教师的综合素质和教学水平。

5. 角色：社会责任的践行者

教育服务不仅是为社会提供人才，更是社会责任的践行者。通过注重人文素养和社会责任感的培养，教育服务可以培养更具社会责任感的人才，推动社会的公平、和谐和可持续发展。

6. 挑战：应对多元化需求的平衡

社会需求的多元化使得教育服务需要更好地平衡各种需求。不同学生有不同的发展方向和兴趣，教育服务需要提供多样化的课程和培养模式，以满足不同学生的需求。这也对教育管理提出了更高的要求，需要更加灵活地调整教育资源，满足多元化的需求。

（四）未来教育服务的发展趋势

1. 强化终身学习理念

未来教育服务的发展趋势之一是强化终身学习理念。随着知识的不断更新和社会变革的加速，人们需要持续学习以适应新的挑战。教育服务应提供更加灵活的学习机会，包括职业培训、在线学习、社区教育等，鼓励个体在不同阶段都能够获取新的知识和技能。

2. 智能化教育技术的广泛应用

随着人工智能、大数据等技术的发展，未来教育服务将更加智能化。个性化教育、智能辅助学习、在线教育平台等将成为教育的重要组成部分。通过智能化技术，教育服务可以更好地满足学生个性化的学习需求，提高教学效果。

3. 强调跨学科与跨行业的融合

未来社会对综合素养和跨学科能力的需求将更为突出。教育服务需要强调不同学科、不同领域的融合，培养具备广泛知识和能力的综合型人才。跨学科的教学和研究将成为未来教育服务的重要方向。

4. 加强国际化视野

随着全球化的深入发展，未来的教育服务将更加注重国际化。国际化的教学内容、国际交流项目、引进国际优秀教育资源等将成为提升教育服务水平的重要手段。学生将更多地接触到来自不同文化、不同国家的知识和经验。

5. 加强社会责任教育

未来教育服务需要更加注重社会责任教育。培养学生的社会责任感、环保意识、公益精神等将成为教育服务的重要任务。教育服务机构应该积极参与社会公益活动，引导学生关注社会问题，培养他们成为具有社会责任感的公民。

6. 提高教育服务的适应性与灵活性

未来的社会变革可能更加复杂多变，因此教育服务需要具备更强的适应性和灵活性。教育机构应建立灵活的课程设置机制，及时调整教学内容，根据市场需求调整专业设置，使教育服务更好地适应社会的变化。

7. 注重创新创业教育

未来社会对创新创业能力的需求将更加迫切。教育服务需要更加注重创新创业教育，通过设立创业孵化器、组织创业实践项目等方式，培养学生的创新精神和创业能力，使他们更好地适应未来社会的发展趋势。

社会需求与教育服务的关系是相互作用的。教育服务不仅需要满足社会的需求，更要通过培养具有创新力、综合素养和社会责任感的人才来引领社会的发展。在适应社会变革的过程中，教育服务要不断调整自身定位，灵活调整课程体系和教学方法，利用新科技手段进行创新，加强与行业和社会的深度合作，注重人文素养和社会责任教育，以适应未来社会的需求。通过不断努力，教育服务将成为社会进步和可持续发展的重要力量。

三、学术发展与管理创新的紧密联系

学术发展和管理创新是相辅相成、互相促进的关系。学术发展是指学科、科研、教育等方面的不断进步和提高，而管理创新则是为了更好地组织和引导这种发展而进行的创新。两者之间的紧密联系体现在学术研究、人才培养、科研管理等多个方面。下面将深入探讨学术发展与管理创新之间的关系，分析二者如何相互促进，共同推动学术和教育事业的发展。

（一）学术发展的内在动力

1. 科学研究的不断深入

学术发展的核心是科学研究的不断深入。在面对新问题、新挑战时，学术界需要通过开展前沿研究，提出新理论、新观点，推动学科知识体系的拓展和升级。这种科学研究的不断深入是学术发展的内在动力，对于推动整个学术体系的发展至关重要。

2. 人才培养的需求

学术发展需要有优秀的研究人才支持。为了满足学科建设和科研项目的需要，学术界需要培养更多具备研究潜力和创新能力的青年学者。因此，人才培养成为学术发展的内在需求，也是推动学术发展的动力之一。

3. 对社会需求的响应

学术发展也要不断响应社会需求。社会问题的复杂性和多样性要求学术界关注实际问题，通过研究解决方案，提出政策建议，为社会发展提供智力支持。学术研究的深入将使学术界更好地满足社会对知识和解决方案的需求，促使学术发展与社会发展紧密衔接。

（二）学术发展与管理创新的互动关系

1. 人才培养与科研项目管理的协同

管理创新在学术发展中的角色体现在对人才培养和科研项目管理方面。一方面，优秀的学术发展需要有高水平的研究团队，而这就需要有效的人才培养机制。管理创新可以通过建立灵活多样的培养模式，加强博士后培养、国际合作等途径，提高学术人才的整体素质。

另一方面，科研项目的管理直接关系到学术研究的推进。管理创新可以通过引入项目管理理念、优化项目管理流程，提高科研项目的执行效率。科研项目的有效管理有助于提高研究成果的质量和数量，推动学术发展取得更为显著的成果。

2. 学科建设与团队协作的整合

学科建设是学术发展的重要方向，而团队协作则是推动学科建设的有效途径。管理创新可以在学科建设中发挥作用，通过建立跨学科的研究团队，整合各方资源，促进不同学科领域的交叉与融合。这有助于形成更具创新性和前瞻性的研究方向，推动学术发展跨越多个领域。

3. 国际合作与知识传播的互通

学术发展需要借鉴和吸纳国际先进的研究成果，而管理创新可以通过促进国际合作、搭建学术交流平台等方式，加强国际间的知识互通。这有助于提高学术界对国际学术前沿的敏感度，推动学术研究保持在全球领先地位。

4. 信息化管理与科研资源的优化配置

管理创新在学术发展中的角色还体现在信息化管理和科研资源的优化配置方面。通过建立信息化系统，实现科研项目的全过程信息管理，包括项目的立项、经费使用、成果发布等，可以提高科研项目管理的透明度和效率。

同时，科研资源的优化配置也需要管理创新，通过建立科研评价体系，合理分配资源，提高学术成果的质量和影响力。

（三）管理创新对学术发展的促进作用

1. 提高学术研究效率

管理创新可以通过引入项目管理、信息化管理等手段，提高学术研究的效率。科研团队可以更加有序地进行协作，资源可以更加合理地配置，项目的进展可以更加清晰地掌握。这有助于提高学术研究的产出效益，推动学术发展更加迅速。

2. 促进人才培养与引进

管理创新可以通过建立更加灵活、多元的人才培养模式，为青年学者提供更多的发展机会和平台。此外，通过引入国际化的人才引进计划，学术界可以吸引更多国际优秀学者参与研究，促进学术发展的国际化水平提升。

3. 优化学科结构

管理创新有助于优化学科结构，推动学术发展朝着更加协同、互补的方向发展。通过引入跨学科研究、设立交叉学科的研究机构，可以促进不同学科之间的合作与交流，形成更为完善和全面的学科体系。

4. 提高科研项目的整体质量

管理创新可以引入项目评估机制，对科研项目进行全面评估，包括项目的科研价值、团队协作、资源配置等方面。这有助于提高科研项目的整体质量，推动学术发展朝着更加优质、高水平的方向发展。

5. 加强学术成果的传播与应用

管理创新可以通过建立科研成果的知识产权保护机制、加强学术成果的推广与应用，推动学术成果更好地造福社会。通过产业界与学术界的深度合作，将学术研究成果转化为实际应用，提高学术研究的社会影响力。

（四）挑战与应对

1. 学术管理的复杂性

随着学术研究的不断深入和学科的拓展，学术管理的复杂性也在增加。管理创新需要面对不同学科、不同研究方向的差异性，提供更加差异化的管理方法。此外，学术管理还需要平衡学术自由和管理规范的关系，确保学术研究的独立性和创新性。

2. 信息化管理的安全性和隐私问题

随着信息化管理的推进，信息安全和隐私问题成为学术管理创新面临的挑战。学术界需要建立健全的信息安全体系，保障学术研究的隐私和知识产权。同时，也需要加强学术界对信息安全的培训，提高研究人员的信息安全意识。

3. 人才培养模式的创新

人才培养是学术发展的基础，而人才培养模式的创新是一个复杂而长期的过程。管理创新需要在人才培养方面进行更加灵活、多元的尝试，为学术研究提供更多元化的人才支持。

4. 跨学科研究的整合

尽管跨学科研究有助于学术发展的全面性，但其整合仍然面临困难。不同学科之间的语言、方法论等方面的差异，使得跨学科研究的整合变得复杂。管理创新需要提供更有效的机制，促进跨学科研究的融合。

5. 学术管理与学术自由的平衡

管理创新需要在学术管理与学术自由之间找到平衡点。过度的管理规范可能抑制学术研究的创新性，而过于宽松的管理则可能导致资源浪费和学术成果的不稳定。管理创新需要在保障学术自由的前提下，建立有效的管理机制。

学术发展与管理创新的紧密联系将在未来得到更深层次的发展。随着科技的不断进步，信息技术的广泛应用，学术管理将更加智能化、数字化，为学术发展提供更加精准的支持。同时，人才培养模式、学科建设、国际化合作等方面也将迎来更多创新。通过不断地探索与实践，学术发展与管理创新将共同推动学术事业朝着更加高效、有序、创新的方向发展。在全球化、信息化的时代背景下，学术发展与管理创新的良性互动将不断激发新的活力，推动学术界在全球范围内更好地发挥其作用。

第五节　高等教育管理创新的重点内容

一、制度建设与管理机制创新

（一）概述

制度建设与管理机制创新是现代组织发展的两个关键要素，二者相辅相成、相互促进。制度建设是组织内部规范、运行的基础，而管理机制创新则是在这一基础上通过先进的理念和方法实现高效运转。下面将深入探讨制度建设与管理机制创新之间的紧密联系，分析二者在推动组织发展中的关系，以及如何通过创新来提高组织的运作效率和适应性。

（二）制度建设与组织发展

1. 制度建设的定义与意义

制度是组织内部规则、规范的体系，是组织内部各个方面行为的准则和约束。制度建设是通过设立、完善各类规章制度，构建组织内部的管理体系，以达到规范行为、提高效率、确保稳定运行的目的。制度建设的重要性体现在以下几个方面：

（1）规范行为

制度建设能够明确组织内部的规范和准则，使成员在工作中有明确的行为标准，避免随意行动和违规操作，确保组织内部秩序的稳定。

（2）提高效率

明确的制度可以规范工作流程，减少决策的不确定性，提高组织运作的效率。通过制度的设立，可以使组织内部的各项工作更加有序、迅速地进行。

（3）保障权益

制度建设有助于保障组织成员的权益，确保其在组织内部享有应有的权力和利益。这有助于激发组织成员的积极性和创造力。

2. 制度建设对组织发展的影响

（1）组织稳定性

良好的制度建设有助于组织内部的规范运作，减少不确定性和风险，提高组织的稳定性。这对于组织能够持续发展起到了基础性的支撑作用。

（2）决策效率

制度的设立可以明确决策流程和权限划分，提高决策的效率。这对组织在面临复杂问题时能够迅速作出合理决策，推动组织向前发展具有积极作用。

（3）创新能力

适应变革和鼓励创新是组织发展的关键因素。通过灵活而切实可行的制度建设，组织可以更好地应对外部环境的变化，鼓励成员提出新的观点和创新性的解决方案。

（三）管理机制创新与组织发展

1. 管理机制创新的定义与重要性

管理机制是指组织内部对于管理活动的规划、组织、协调和监督等方面的安排和设计。管理机制创新是在传统管理模式的基础上引入新的理念和方法，通过提高管理效能，实现组织更好地适应变革和发展。

（1）引入新理念

管理机制创新可以引入先进的管理理念，如全面质量管理（TQM）、敏捷管理等，提升组织对管理工作的认知和实践水平，使其更加符合时代潮流。

（2）运用新技术

随着信息技术的飞速发展，管理机制创新还包括了对新技术的灵活运用，如大数据分析、人工智能等，以提高管理的科学性和智能化水平。

（3）突破传统框架

传统管理框架可能面临僵化和滞后的问题，管理机制创新可以突破传统框架，引入更为灵活、适应性强的管理机制，推动组织向前发展。

2. 管理机制创新对组织发展的影响

（1）提升管理效能

管理机制创新能够使管理更加科学、高效。通过引入新的管理方法和工具，提高信息的流通效率，加强沟通与协作，从而提升整体管理效能。

（2）激发员工潜能

创新的管理机制能够激发员工的潜能和创造力。通过设立灵活的激励机制、提供良好的职业发展通道等，组织可以更好地留住优秀人才，激发团队的创新能力。

（3）增强组织适应性

管理机制创新使得组织更具适应性。在面对快速变化的市场和环境时，通过创新的管理机制，组织能够更灵活地调整资源配置、快速响应市场需求，增强对不确定性的适应能力。

（4）促进团队合作

管理机制创新可以通过强化团队合作的机制，推动团队成员更好地协同工作。团队成员之间的信息共享、任务分工、目标协同等方面的创新有助于提高团队整体绩效，推动组织朝着更协同的方向发展。

（5）提高客户满意度

通过管理机制创新，组织能够更好地关注客户需求，提高服务水平，增强客户满意度。这对于组织的长期发展和维护良好的声誉具有积极的影响。

（四）制度建设与管理机制创新的互动关系

1. 制度建设为管理机制提供基础

制度建设为管理机制提供了基础性的规范和依据。一个有序、规范的制度体系，可以确保管理机制的设计和实施在符合法规、合规性的基础上进行。制度的明确定义了组织内部的权责关系、流程规范，为管理机制的创新提供了有力的支持。

2. 管理机制创新促进制度建设的更新

管理机制创新有助于促进制度建设的不断更新和完善。随着组织环境的变化，管理机制需要不断调整和创新，而这种创新需要制度的配套支持。管理机制创新推动了组织对于制度的不断审视和更新，以适应新的管理需求。

3. 制度建设规范管理机制创新的方向

制度建设规范了管理机制创新的方向和范围。在制度的框架下，管理机制创新需要遵循一定的规范和程序，以确保创新的合法性和有效性。制度的存在为管理机制创新提供了一种制约和引导的机制。

4. 管理机制创新提升制度建设的实效性

管理机制创新的实施能够提升制度建设的实效性。通过引入更灵活、更符合实际需要的管理机制，可以使制度更加贴近组织的实际运作，提高制度的执行效果，增强组织的运作效率。

（五）挑战与应对

1. 制度僵化与灵活性之间的平衡

制度建设在一定程度上有可能导致组织的制度僵化，难以适应快速变化的外部环境。在这种情况下，需要注意在制度建设中保留一定的灵活性，使得制度既能规范行为，又能够适应外部环境的变化。

2. 创新风险与合规性之间的平衡

管理机制创新可能伴随着一定的创新风险，尤其是在采用新技术和新理念时。组织在进行管理机制创新时需要平衡创新的需求和合规性的要求，确保创新的同时不违反相关法规和伦理准则。

3. 组织文化的影响

制度建设和管理机制创新受到组织文化的影响。组织文化的保守性可能对创新产生阻碍，而一个鼓励创新的组织文化则会更有利于制度建设和管理机制的创新。

4. 技术安全与信息隐私的保护

随着管理机制创新中新技术的应用，需要重视技术安全与信息隐私的保护。组织在推动管理机制创新时应加强对技术安全和信息隐私的管理，确保新技术的合法、安全、可控应用。

制度建设与管理机制创新是组织发展的重要保障和推动力。制度建设为组织提供了有序的规范和基础，管理机制创新则通过引入新理念、新技术，提高管理效能和组织适应性。二者相互依存、相辅相成，共同构建了一个能够适应复杂多变环境的组织体系。

在不断变化的时代，组织需要在制度建设和管理机制创新上保持敏感性，及时调整和更新制度和管理机制，以适应外部环境的变化。在实践中，组织应平衡制度的稳定性和管理机制的灵活性，充分发挥二者的优势，推动组织朝着更加高效、创新、可持续的方向发展。

二、人才培养模式与课程设计的创新

在现代社会，随着科技和经济的快速发展，人才的培养愈加凸显其重要性。人才培养模式和课程设计作为教育体系中的两个重要组成部分，在提高学生综合素质、培养创新能力和适应未来社会需求等方面发挥着至关重要的作用。下面将深入探讨人才培养模式与课程设计的创新，分析二者之间的互动关系，以及如何通过创新来推动高等教育的进步。

（一）人才培养模式的演变与创新

1. 传统人才培养模式的特点

传统的人才培养模式以传授知识为主，强调学科专业知识的传递，注重理论学习，缺乏对实际问题的解决能力培养。学生通常在被动接受知识的过程中，缺乏主动探究和实践的机会，导致毕业生在实际工作中往往面临应用能力不足的问题。

2. 现代人才培养模式的趋势

随着社会的发展和产业结构的变革，人才培养模式逐渐向多元、创新的方向发展。现代人才培养模式强调培养学生的实际操作能力、团队协作精神和创新思维，注重学科之间的交叉融合，培养具备跨学科知识和综合素养的人才。

3. 创新型人才培养模式的要素

实践能力培养：强调学生在实际工作场景中的实践操作，使其能够将理论知识灵活运用于实际问题的解决中。

创新思维培养：培养学生的创新思维和问题解决能力，注重培养学生对未知问题的探索和解决能力。

团队协作精神：培养学生的团队协作意识和能力，使其能够更好地在团队中发挥个人优势，共同完成任务。

（二）课程设计的创新路径

1. 传统课程设计的不足

传统的课程设计往往以传授理论为主，缺乏对实际问题的深入挖掘和解决方案的设计。学生在课程设计中往往只是完成教师规定的任务，缺乏主动性和创造性。

2. 现代课程设计的理念

现代课程设计强调学生的参与性和主动性，注重培养学生的实际操作能力和解决问题的能力。在课程设计中引入实际案例、项目合作等元素，使学生能够在实践中运用所学知识，培养创新思维和团队协作精神。

3. 创新型课程设计的特点

问题导向：以实际问题为导向，让学生在解决问题的过程中学到知识，培养解决实际问题的能力。

跨学科融合：引入跨学科的元素，使学生能够在不同学科领域中获取知识，培养综合素养。

项目驱动：通过项目驱动的方式，让学生在实际项目中学到知识和技能，培养实际操作能力。

（三）人才培养模式与课程设计的互动关系

1. 人才培养模式对课程设计的指导

目标一致性：人才培养模式明确培养目标，课程设计应与这些目标保持一致，使学生在课程中能够达到预期的能力和素养。

强调实践：创新的人才培养模式注重实践能力的培养，因此课程设计应该贴近实际，强调实际问题的解决和实际操作的能力培养。

2. 课程设计对人才培养模式的支撑

实际操作能力：创新型的课程设计强调实际操作能力的培养，这与现代人才培养模式中对实践能力的要求相契合。

创新思维培养：通过问题导向和项目驱动的课程设计，培养学生的创新思维和解决问题的能力，与现代人才培养模式中对创新能力的培养目标相符。

（四）创新的实施策略

1. 教师角色的转变

传统的教学模式中，教师通常是知识的传递者，而在创新型人才培养模式下，教师更应扮演导师和引导者的角色。教师应该激发学生的学习兴趣，引导学生自主学习，关注学生的个性发展，促进他们的创新潜力。

2. 引入实践项目

通过引入实践项目，将理论知识与实际问题相结合。学生在实际项目中能够更好地理解和应用所学知识，培养解决实际问题的能力。这种项目驱动的教学方法有助于将理论知识转化为实际操作能力。

3. 创设跨学科课程

通过跨学科的课程设计，打破传统学科之间的界限，让学生能够在不同领域获取知识，培养综合素养。跨学科的设计能够更好地满足现代社会对人才综合素质的需求。

4. 强化实际操作环节

在课程设计中增加实际操作环节，让学生亲自动手，提高他们的实际操作能力。这可以通过实验、实地考察、实际工程项目等方式实现，使学生能够在实践中获得经验。

（五）挑战与应对

1. 教育资源的不均衡

在实施创新的人才培养模式和课程设计时，可能会面临教育资源不均衡的问题。一些学校可能缺乏师资力量、实践基地和先进设备，制约了创新型教育的实施。在应对这一挑战时，需要通过合作、资源共享等方式，整合外部教育资源，提高教育资源的利用效率。

2. 评价体系的滞后

传统的评价体系更注重学科知识的掌握，而创新型人才培养更强调实际能力和创新思维。当前的评价体系可能滞后于创新型教育的发展，需要建立更为灵活和多元的评价方法，包括项目评估、实践能力考核等。

3. 教师培训的不足

创新型的人才培养模式和课程设计需要教师具备更多的创新意识和教学方法。但目前教师培训体系不够完善，缺乏专业的创新教育培训。要应对这一挑战，需要加强教师培训，提升教师创新教育的能力。

4. 社会认可度的提升

创新型人才培养模式和课程设计可能需要一定的时间来取得显著的成果，而社会的认可度是推动创新教育发展的关键。需要通过相关政策、社会宣传等方式提升创新型教育的社会认可度。

人才培养模式与课程设计的创新是适应时代发展需要的重要举措。传统的培养模式和课程设计已经难以满足社会对人才的多元化需求，因此，通过引入实践、创新元素，强调跨学科融合和项目实践，可以更好地培养学生的实际能力和创新思维。

创新型人才培养模式和课程设计需要学校、教师、学生以及社会各方面的共同努力。学校要加强教育资源整合，建立灵活的评价体系；教师要提升创新意识，接受相关培训；学生要主动参与实践项目，培养实际操作能力；社会要提高对创新型人才培养的认可度，共同推动创新型教育的发展。只有通过多方合作，才能实现人才培养模式和课程设计的创新，更好地适应社会的变化和提高人才的综合素质。

三、社会参与与校企合作的深化

随着社会的不断发展和经济结构的变革，教育体系也需要不断调整和创新，以更好地培养适应社会需求的人才。社会参与和校企合作作为教育体系中的两个重要方面，对于提升教育质量、拓宽学生视野、促进产学融合都具有重要意义。下面将深入探讨社会参与和校企合作的深化，分析二者之间的关系，以及如何通过深化这些合作关系推动教育的创新和发展。

（一）社会参与的重要性

1. 社会参与的概念

社会参与是指个体或组织在社会事务中积极参与、投入并贡献自己力量的过程。在教育领域，社会参与强调学校与社会之间的互动与合作，让学生在学校教育的同时更好地融入社会、参与社会活动。

2. 社会参与的方式

社会参与的方式多种多样，包括但不限于学生社会实践活动、志愿者服务、社区参与、社会调研等。通过这些方式，学生能够更深入地了解社会、增强社会责任感，提高实际问题解决的能力。

3. 社会参与的重要作用

拓宽视野：社会参与可以让学生走出校园，接触多元化的社会文化，拓宽视野，培养开放的思维。

培养实践能力：通过参与实际社会活动，学生能够将理论知识应用于实际问题中，培养实践操作能力。

提升综合素养：社会参与有助于提升学生的综合素养，包括人际交往能力、团队协作精神等。

（二）校企合作的重要性

1. 校企合作的定义

校企合作是指学校与企业之间建立起密切的合作关系，共同促进人才培养、科研创新等方面的发展。这种合作不仅包括学生的实习实训，还包括双方在教育资源、技术研发等方面的合作。

2. 校企合作的方式

实习实训：学生通过在企业进行实习实训，了解实际工作环境，提高实际操作能力。

科研合作：学校与企业可以共同进行科研项目，推动科研成果的转化。

人才培养：企业参与学生的培养计划，提供专业培训，帮助学生更好地适应职场。

3. 校企合作的重要作用

紧密结合实际需求：通过校企合作，学校能够更好地了解企业对人才的实际需求，调整专业设置，优化课程设置，使教育更贴近实际。

提高学生就业竞争力：学生通过与企业的合作，能够获得更多实际工作经验，提高就业竞争力。企业更容易选择具备实际操作经验和适应能力的毕业生。

推动科研成果应用：校企合作有助于促进科研成果的应用和产业化。企业作为实际应用的主体，能够更好地将科研成果转化为实际产品和服务。

（三）社会参与与校企合作的互动关系

1. 互相促进的关系

社会参与促进校企合作：学生通过社会参与活动，积累了实践经验和团队协作能力，使其更具备与企业合作的基础能力。

校企合作促进社会参与：校企合作提供了更多实际工作的机会，使学生能够更深入地参与社会活动，将学到的知识更好地应用于实践中。

2. 共同服务社会的方向

社会参与和校企合作都以服务社会为目标，通过学校与社会、企业的合作，共同为社会培养更多、更优秀的人才，为社会发展和进步做出贡献。

3. 共享资源的合理利用

社会参与和校企合作可以实现资源的共享。学校可以借助企业的实际项目提供更好的实践机会，而企业也可以通过与学校合作获取新的科研成果和人才。

（四）深化社会参与与校企合作的策略

1. 建立完善的校企合作机制

学校应该建立起完善的校企合作机制，明确合作的目标、方式和双方的责任。这需要建立起长期稳定的合作关系，以实现资源共享和互利共赢。

2. 引入社会参与项目

学校可以通过引入社会参与项目，使学生更好地参与社会实践活动。这些项目可以是社区服务、志愿者活动、社会调研等，通过这些活动培养学生的社会责任感和团队协作能力。

3. 拓展校企合作领域

不仅限于实习实训，学校与企业的合作领域可以拓展到科研合作、人才培养计划、技术研发等多个方面。这样的多元化合作能够更全面地满足双方的需求。

4. 加强沟通与交流

学校与社会、企业之间的沟通与交流至关重要。通过定期会议、座谈会、项目汇报等形式，双方能够更好地了解对方的需求和期望，进而调整合作方案，提高合作的效果。

（五）面临的挑战和应对策略

1. 利益分配的问题

在校企合作中，可能面临利益分配不均衡的问题。企业为提供实习岗位或合作项目，希望得到更多的实际收益，而学校则希望学生能够获取更好的实践机会。在面对这一问题时，需要建立公平合理的利益共享机制，确保双方在合作中都能够获益。

2. 合作关系的长期性

校企合作需要建立长期稳定的关系，但企业的发展可能面临变化，有时需要更灵活的合作模式。学校应该能够适应企业的发展变化，保持合作的长期性的同时，也要具备一定的灵活性。

3. 学校与社会脱节

有些学校可能由于种种原因，与社会脱节，导致学校培养的人才不符合社会需求。为了应对这一挑战，学校需要加强与社会的联系，更好地了解社会发展的动向，调整人才培养计划。

4. 学生社会参与积极性的问题

在社会参与方面，可能会面临学生积极性不足的问题。一些学生可能更愿意将精力放在课业上，对社会参与缺乏兴趣。学校可以通过引导和激励机制，激发学生参与社会活动的积极性。

社会参与和校企合作的深化是教育创新和人才培养的必然趋势。通过更紧密的社会参与，学校能够更好地了解社会需求，培养更符合社会要求的人才；而通过深化校企合作，学校与企业能够共同促进科研创新、提升学生实践能力，实现优势互补。

在推动社会参与和校企合作时，需要注意平衡各方的利益，建立长期稳定的合作关系，加强沟通与交流，拓展合作领域，以适应不断变化的社会和经济环境。此外，需要引入更灵活的合作机制，以应对企业发展的变化和不确定性。通过合理利用教育资源、建立共享机制，学校与企业可以实现互利共赢，共同服务社会发展的目标。

第六节　高等教育管理创新的具体措施

一、提升管理人才队伍素质

在当今复杂多变的社会和商业环境中，优秀的管理人才是组织成功的关键因素之一。随着全球化、科技进步和市场竞争的不断加剧，管理人才不仅需要具备传统的管理知识和技能，还需要具备创新思维、跨文化沟通能力、领导力等多元素素质。因此，提升管理人才队伍的素质成为企业和组织持续发展的战略要务。下面将深入探讨如何全面提升管理人才队伍的素质，以适应当今复杂多变的商业环境。

（一）管理人才素质的要求

1. 传统管理知识和技能

传统管理知识和技能是管理人才的基础，包括战略管理、组织行为学、市场营销、财务管理等方面的知识。这些基础知识和技能是管理人才履行日常职责和处理常规问题的基础。

2. 创新思维和问题解决能力

在快速变化的商业环境中，管理人才需要具备创新思维和问题解决能力。他们应该能够迅速适应新的挑战，提出创新性解决方案，推动组织不断进步。

3. 领导力与团队协作

管理人才需要具备强大的领导力，能够激发团队的积极性和创造力。团队协作能力也是至关重要的，管理人才应该善于协调资源，促进团队成员间的良好合作。

4. 跨文化沟通与国际化视野

在全球化的商业环境中，管理人才需具备跨文化沟通能力，能够有效地与来自不同文化背景的人合作。同时，拥有国际化视野，了解全球市场动态和国际竞争格局，对于企业的全球化战略至关重要。

5. 数据分析与信息技术能力

随着大数据和信息技术的普及，管理人才需要具备数据分析和信息技术应用的能力。这有助于他们更好地了解市场趋势、客户需求，提高决策的科学性和准确性。

（二）提升管理人才队伍素质的策略

1. 完善培训体系

建立完善的培训体系，包括内部培训和外部培训。内部培训可以根据组织的具体需求，结合员工的个体发展计划，开展针对性的管理知识和技能培训。外部培训可以引入专业的培训机构或邀请行业专家，提供前沿的管理理念和技术知识。

2. 强调实践与案例分析

管理人才的培养不仅需要理论知识的学习，更需要实践经验的积累。组织实际案例分析、模拟经营等活动，让管理人才在模拟的环境中学习实际问题的解决方法，提高实际应对挑战的能力。

3. 建立导师制度

建立导师制度，由经验丰富的管理者担任导师，指导新晋管理人才的职业发展。导师可以分享自己的经验教训，提供实用建议，帮助新人更快地适应和成长。

4. 提供多元化的发展机会

为管理人才提供多元化的发展机会，包括跨部门轮岗、项目管理经验、国际业务经验等。这有助于培养管理人才全局思维和综合素质，提高他们在多样化环境中的适应能力。

5. 激励机制和晋升通道

建立科学合理的激励机制和晋升通道，激发管理人才的积极性。通过薪酬激励、晋升机会、专业职称等方式，激发管理人才的动力，促进其不断进取和自我提升。

6. 注重团队建设

强调团队建设，培养管理人才具备协同工作的团队精神。通过团队培训、团建活动等方式，增强管理人才的团队协作能力和领导力。

（三）面临的挑战和应对策略

1. 时代变革带来的知识更新压力

随着科技和管理理念的不断变革，管理人才需要不断学习和更新知识。

组织应鼓励管理人才主动学习，建立学习型组织文化，提供学习资源和平台，以应对时代变革带来的知识更新压力。可以通过定期的内外部培训、在线学习平台等方式，帮助管理人才保持在不断变化的环境中的竞争力。

2. 多元化团队管理的挑战

管理人才团队中可能存在不同文化、不同背景的员工，多元化管理可能带来沟通和协作的挑战。组织可以通过提供跨文化培训、建立文化敏感度，加强团队建设，使团队更具凝聚力和协同效能。

3. 人才流失和稳定团队建设

由于市场竞争激烈，管理人才可能会面临流动和流失的问题。为了应对这一挑战，组织需要建立良好的企业文化，提供有竞争力的薪酬福利体系，同时通过激励机制、职业发展规划等方式留住优秀的管理人才。

4. 技术变革对素质要求的提升

随着科技的发展，管理人才需要适应数字化时代的挑战，具备更强的信息技术应用能力。组织应该投资于提升管理人才的数字化素养，引入新技术培训，确保管理人才在技术变革中具备竞争优势。

5. 全球化业务带来的挑战

全球化业务模式可能带来不同国家、不同文化之间的管理差异。组织应该加强全球化业务相关的培训，培养管理人才具备跨国管理的能力，更好地适应全球化业务运作的要求。

提升管理人才队伍素质是组织发展的战略性任务，关系到组织在竞争激烈的市场中的生存和发展。通过建立完善的培训体系、强调实践与案例分析、建立导师制度、提供多元化的发展机会、建立激励机制和晋升通道、注重团队建设等策略，可以全面提升管理人才队伍的素质。

面临时代变革、多元化团队管理、人才流失和团队建设、技术变革和全球化业务等挑战时，组织需要灵活应对，不断调整和优化管理人才培养和发展策略。通过培养具备传统管理知识、创新思维、领导力、跨文化沟通等多元素素质的管理人才，组织将更好地适应快速变化的商业环境，实现可持续发展。在全球化、数字化的时代，不断提升管理人才素质已经成为组织成功的关键要素之一。

二、引入先进科技手段与信息化管理

随着科技的迅猛发展，先进科技手段的引入和信息化管理的实施对企业和组织的运营管理产生了深远的影响。先进科技手段，如人工智能、大数据、物联网等，以及信息化管理，如企业资源规划（ERP）、客户关系管理（CRM）、云计算等，已经成为提高效率、降低成本、提升竞争力的关键因素。下面将深入探讨引入先进科技手段与信息化管理的重要性、优势、应用领域以及面临的挑战和应对策略。

（一）先进科技手段的引入

1. 人工智能（AI）

人工智能是一种模拟人类智能思维过程的技术，包括机器学习、自然语言处理、图像识别等领域。在企业中，AI 可以用于自动化决策、客户服务、生产优化等方面，提高工作效率。

2. 大数据分析

大数据分析通过收集、处理庞大的数据集，揭示隐藏在数据中的模式和趋势。企业可以利用大数据分析优化市场营销、预测需求、改善供应链管理等，提升决策的准确性。

3. 云计算技术

云计算技术通过网络提供各种计算资源和服务，使企业能够灵活、高效地管理信息技术。云计算降低了硬件成本，提高了数据存储和处理的灵活性，促使企业更好地应对变化。

4. 物联网（IoT）

物联网通过连接各种设备，实现设备之间的信息共享和互动。在制造业中，物联网可以用于设备监控、生产自动化；在零售业中，可以用于库存管理、顾客体验提升等。

（二）信息化管理的实施

1. 企业资源规划（ERP）

ERP 系统整合企业内部的各个业务流程，包括财务、人力资源、供应链等，帮助企业实现信息的无缝流通，提高内部协同效率。

2. 客户关系管理（CRM）

CRM 系统通过集成销售、市场营销、客户服务等功能，帮助企业建立和维护客户关系。通过精准的客户信息管理，企业能够更好地满足客户需求，提高客户满意度。

3. 信息安全管理

随着信息化程度的提高，信息安全成为企业面临的重要问题。信息安全管理包括网络安全、数据保护、身份验证等方面，以确保企业信息的保密性和完整性。

4. 制造执行系统（MES）

制造执行系统帮助企业监控和管理生产过程，包括生产计划、设备状态、质量控制等。通过 MES，企业可以实现生产过程的数字化、自动化管理。

（三）先进科技手段与信息化管理的优势

1. 提高效率与降低成本

先进科技手段和信息化管理可以自动化烦琐的任务，提高工作效率。例如，AI 可以处理大量的数据分析工作，ERP 系统可以简化企业内部流程，从而降低运营成本。

2. 提升决策水平

大数据分析和信息化管理系统可以为管理层提供实时、准确的数据支持，有助于制定更科学的决策。通过对海量数据的深度分析，管理层能够更好地了解市场趋势、客户需求，做出更明智的战略决策，提升组织的竞争力。

3. 加强客户关系与服务水平

CRM 系统帮助企业更好地理解客户，个性化定制服务，提高客户满意度。通过客户数据的集成和分析，企业能够更有针对性地满足客户需求，提供更优质的服务体验，增强客户忠诚度。

4. 实现生产流程的优化

先进科技手段和信息化管理在制造业中的应用，如物联网和 MES 系统，能够实现生产流程的数字化和自动化。这有助于提高生产效率、降低生产成本，并减少人为错误，提高产品质量。

5. 增强企业竞争力

通过引入先进科技手段和信息化管理，企业能够更灵活地适应市场变化，提升内部管理效率，优化资源配置，从而增强企业的竞争力。这对于在激烈的市场竞争中脱颖而出具有重要意义。

（四）应用领域

1. 制造业

在制造业中，物联网、大数据分析和制造执行系统等先进科技手段被广泛应用。通过实现设备的互联互通，提高生产线的智能化水平，实现生产过程的数字化管理。

2. 零售业

零售业通过引入先进科技手段，如人工智能的智能推荐系统、大数据分析的购物行为分析，实现精准的商品推送和个性化服务，提升用户体验。

3. 金融业

金融业广泛使用信息化管理系统，如企业资源规划、客户关系管理、风险管理系统等，以提高金融服务效率，降低风险，保障信息安全。

4. 医疗健康

在医疗健康领域，先进科技手段如人工智能在疾病诊断、大数据分析在流行病学研究中的应用，提高了医疗水平和研究效率。

5. 教育领域

信息化管理在教育领域的应用涵盖学生管理、课程设计、在线教育等方面，提高了教育资源的利用效率，促进了教育的创新发展。

（五）面临的挑战与应对策略

1. 数据隐私和安全问题

随着信息化的深入应用，数据隐私和安全问题成为一个严峻的挑战。企业需要加强信息安全管理，采取加密、权限控制等手段，确保敏感信息不被泄露。

2. 技术成本和人才短缺

引入先进科技手段需要投入大量资金，且相关技术的研发和维护需要高水平的专业人才。企业需要谨慎评估投入产出比，同时加强人才培养和引进。

3. 组织文化和员工接受度

信息化管理的成功不仅依赖于技术，还与组织文化和员工的接受度密切相关。组织需要积极引导和培养员工的数字化素养，打破信息孤岛，提高员工对新技术的接受度。

4. 技术标准和互操作性

在不同企业和行业之间，存在着不同的技术标准和系统，互操作性成为一个挑战。相关产业需要制定更加统一的技术标准，提高系统之间的互操作性。

引入先进科技手段与信息化管理已经成为企业和组织提升竞争力、适应市场变化的不可或缺的手段。通过人工智能、大数据分析、云计算等技术的应用，企业可以实现更高效的生产管理、智能化的决策支持，提高客户满意度。同时，信息化管理系统如 ERP、CRM 等，使企业能够更好地整合资源，提升内部协同效率。然而，面对日益激烈的市场竞争，企业在引入先进科技手段和信息化管理时需要谨慎选择技术，全面考虑组织的实际情况，制定科学合理的实施计划。在推进过程中，还需要解决一系列挑战，包括数据隐私与安全、技术成本与人才短缺、组织文化与员工接受度等问题。

三、建立灵活而有效的决策机制

在快速变化和不确定性的商业环境中，建立灵活而有效的决策机制成为组织成功的关键因素之一。传统的决策模式在应对快速变化和不确定性方面可能显得僵化，因此，组织需要转向更加灵活、响应迅速的决策机制。下面将深入探讨建立灵活而有效的决策机制的重要性、关键特征、实施策略以及可能面临的挑战和解决方案。

（一）建立灵活而有效的决策机制的重要性

1. 适应快速变化的市场环境

市场环境的变化是不可避免的，尤其是在数字化和全球化的时代。传统的决策机制往往过于官僚化，难以在迅速变化的市场中做出及时的决策。建立灵活的决策机制能够更好地适应市场的快速变化，提高组织的竞争力。

2. 提高决策的准确性和效率

灵活的决策机制可以更充分地利用组织内外的信息，从而提高决策的准确性。同时，通过简化决策流程和降低层级，可以提高决策的效率，使组织更加灵活和敏捷。

3. 激发组织内部的创新和活力

灵活的决策机制有助于激发组织内部的创新和活力。员工在一个能够迅速响应新想法和新机会的组织中更愿意提出创新性的建议，从而推动组织不断进步。

（二）灵活而有效的决策机制的关键特征

1. 快速的决策周期

灵活的决策机制应该具备快速的决策周期，能够在短时间内做出决策。这要求组织能够迅速收集、分析和应用信息，避免决策流程的烦琐和冗余。

2. 分散的决策权力

分散的决策权力是灵活性的关键。将决策权下放到更低的层级，使得能够更快速地做出决策。这也有助于员工更好地理解组织的整体目标，并更主动地参与决策过程。

3. 开放的沟通渠道

建立灵活的决策机制需要开放的沟通渠道。员工应该能够自由地分享想法和意见，组织内部的信息流通应该是透明的。这有助于集思广益，获取更全面的信息。

4. 数据驱动的决策

基于数据的决策是灵活决策机制的基石。组织需要建立健全的数据收集和分析体系，使决策更加科学和精准。数据可以帮助组织更好地了解市场、客户和竞争对手的动态。

（三）实施灵活而有效的决策机制的策略

1. 制定明确的决策流程

虽然强调灵活性，但组织仍需要制定明确的决策流程。这包括确定决策的流程步骤、相关的决策者和参与者。清晰的决策流程有助于避免混乱和决策的不确定性。

2. 投资于技术和工具

技术和工具的应用可以大大提高决策的效率和准确性。例如，使用协同工具、数据分析软件等，可以使信息更流畅地传递和共享，提供更可靠的数据支持。

3. 培训员工的决策能力

员工的决策能力直接影响组织的决策机制的灵活性。因此，组织需要投资于培训员工的决策能力，包括信息收集、分析、判断和执行等方面的能力。培养员工的决策意识，使其能够更好地应对各种决策情境。

4. 建立激励机制

建立激励机制可以激发员工参与决策的积极性。例如，可以设立奖励机制，鼓励员工提出创新性的建议和解决方案。激励机制能够促使员工更加主动地参与到决策过程中，增强组织的决策灵活性。

5. 定期评估和调整

决策机制应该是一个不断演进和优化的过程。组织需要定期评估决策机制的效果，收集反馈意见，及时调整和改进决策流程。这有助于保持决策机制的灵活性和适应性。

（四）面临的挑战与解决方案

1. 组织文化的转变

建立灵活而有效的决策机制需要进行组织文化的转变。传统上，一些组织可能存在对权威的强烈依赖，员工可能对于参与决策感到陌生。解决方案包括制定明确的变革计划，进行员工培训，倡导开放、平等的组织文化。

2. 不确定性的管理

快速变化的市场带来了更多的不确定性，这使得决策变得更加复杂。组织需要建立应对不确定性的机制，包括建立预测模型、增强信息收集的能力，以及设立灵活的决策方案。

3. 决策的权衡

灵活的决策机制在提高效率的同时，可能面临决策的权衡问题。为了解决这一挑战，组织需要明确目标和价值观，确保决策不偏离组织的长远发展方向。

4. 技术系统的整合

在建立灵活的决策机制时，可能需要整合多个技术系统和工具。解决方案包括选择具有良好互操作性的技术系统，进行系统集成，确保各个系统能够协同工作。

建立灵活而有效的决策机制是组织适应快速变化和不确定性市场环境

的必然选择。通过明确的决策流程、分散的决策权力、开放的沟通渠道和数据驱动的决策等关键特征，组织可以更好地适应市场的变化，提高决策的准确性和效率。在实施过程中，组织需要制定明确的决策流程、投资于技术和工具、培训员工的决策能力、建立激励机制以及定期评估和调整决策机制。面对组织文化的转变、不确定性的管理、决策的权衡和技术系统的整合等挑战，组织需要采取相应的解决方案，不断优化决策机制，保持组织的竞争力和创新力。

参考文献

［1］陈武元. 中国高等教育发展路径的探索［M］. 厦门：厦门大学出版社，
 2021.

［2］于灏，李晓辉. 新时代成人高等教育转型发展路径探索［M］. 汕头：汕
 头大学出版社，2021.

［3］瞿丽闵，许琼华. 基础类课程规划教材　高等教育　生涯发展与职业规
 划大学生自我成长路径探索［M］. 大连：大连理工大学出版社，2018.

［4］王建华. 高等教育学的持续探究［M］. 福州：福建教育出版社，2021.

［5］别敦荣. 高等教育管理探微［M］. 厦门：厦门大学出版社，2021.

［6］刘文清. 终身教育理论与实践探索［M］. 北京/西安：世界图书出版公
 司，2019.

［7］李国年. 新时代我国高等职业教育跨界转型发展的路径研究［M］. 北
 京：光明日报出版社，2022.

［8］赵楠，禹红，战丽娜. 新时代高等职业教育教学改革探索与实践研究
 ［M］. 郑州：黄河水利出版社，2022.

［9］陈忠. 全国中医药行业高等教育十四五创新教材　中医药高等教育和
 合思想协同育人理论与实践［M］. 北京：中国中医药出版社，2021.

［10］李云华. 高职教育文化建设与发展路径探索［M］. 汕头：汕头大学出
 版社，2020.

［11］赵婷婷，马佳，秦曼. 互联网时代大学生思想政治教育改革路径探索
 ［M］. 长春：吉林大学出版社，2023.

［12］李仁涵. 智能时代高等教育模式研究［M］. 上海：上海大学出版社，

2019.

[13] 董泽芳. 理念与追求　大学发展的思考与探索［M］. 武汉：华中师范
大学出版社，2018.

[14] 韩双淼. 博弈中的平衡　政策试验与中国高等教育改革［M］. 杭州：
浙江大学出版社，2020.

[15] 屈潇潇. 区域高等教育公共治理案例研究　以宁波市为例［M］. 北京：
北京理工大学出版社，2020.

[16] 熊贵营. 融合　服务　创新　苏州高等职业教育高质量发展的实践探
索［M］. 苏州：苏州大学出版社，2020.

[17] 马丽娜. 高等教育改革理论与实践探索［M］. 北京：中国经济出版社，
2013.

[18] 刘一心. 国际化视野下创意教育与音乐教育融合路径研究［M］. 长春：
吉林人民出版社，2020.